»Diese Geschichte fing lange vor mir, vor mehr als hundert Jahren an, und zwar in der mecklenburgischen Residenzstadt Schwerin.« Hier wird 1895 jener Mann geboren, der später als »Blutzeuge« gefeiert und einem Schiff den Namen geben wird, dessen Untergang am 30. Januar 1945 die größte Katastrophe in der Geschichte der Seefahrt darstellt. Das ehemalige Kraft-durch-Freude-Passagierschiff »Wilhelm Gustloff« mit Tausenden von Flüchtlingen und Soldaten an Bord wird von den Torpedos eines sowjetischen U-Boots versenkt, schätzungsweise fünf- bis neuntausend Menschen finden in der eisigen Ostsee den Tod. Eine der Überlebenden des Grauens ist die hochschwangere Tulla Pokriefke aus Danzig. Ihr in jener Nacht geborener Sohn Paul, Journalist und Chronist der Geschichte, stößt eines Tages zufällig auf die brisante Internet-Seite einer »Kameradschaft Schwerin«, die ihn fortan umtreibt. Dabei fördert er ein menschliches Drama zutage, das bis in unsere Gegenwart hineingreift und nicht zuletzt seine eigene Familie tangiert.

Günter Grass wurde am 16. Oktober 1927 in Danzig geboren, absolvierte nach der Entlassung aus amerikanischer Kriegsgefangenschaft eine Steinmetzlehre, studierte Grafik und Bildhauerei in Düsseldorf und Berlin. 1956 erschien der erste Gedichtband mit Zeichnungen, 1959 der erste Roman, ›Die Blechtrommel‹. Grass lebt in der Nähe von Lübeck.

Günter Grass

Im Krebsgang

Eine Novelle

Deutscher Taschenbuch Verlag

Ungekürzte Ausgabe
März 2004
4. Auflage Februar 2008
Deutscher Taschenbuch Verlag GmbH & Co. KG,
München
www.dtv.de
© 2002 Steidl Verlag, Göttingen
Der vorliegende Text entspricht der von Volker Neuhaus
und Daniela Hermes herausgegebenen Werkausgabe,
Göttingen 2003: Band 18, herausgegeben von
Daniela Hermes
Umschlagkonzept: Balk & Brumshagen
Umschlaggrafik: Günter Grass (Steidl)
Satz: Steidl, Göttingen
Gesetzt aus der Baskerville Book
Druck und Bindung: Druckerei C. H. Beck, Nördlingen
Gedruckt auf säurefreiem, chlorfrei gebleichtem Papier
Printed in Germany · ISBN 978-3-423-13176-6

in memoriam

1

»Warum erst jetzt?« sagte jemand, der nicht ich bin. Weil Mutter mir immer wieder... Weil ich wie damals, als der Schrei überm Wasser lag, schreien wollte, aber nicht konnte... Weil die Wahrheit kaum mehr als drei Zeilen... Weil jetzt erst...

Noch haben die Wörter Schwierigkeiten mit mir. Jemand, der keine Ausreden mag, nagelt mich auf meinen Beruf fest. Schon als junger Spund hätte ich, fix mit Worten, bei einer Springer-Zeitung volontiert, bald gekonnt die Kurve gekriegt, später für die »taz« Zeilen gegen Springer geschunden, mich dann als Söldner von Nachrichtenagenturen kurz gefaßt und lange Zeit freiberuflich all das zu Artikeln verknappt, was frisch vom Messer gesprungen sei: Täglich Neues. Neues vom Tage.

Mag schon sein, sagte ich. Aber nichts anderes hat unsereins gelernt. Wenn ich jetzt beginnen muß, mich selber abzuwickeln, wird alles, was mir schiefgegangen ist, dem Untergang eines Schiffes eingeschrieben sein, weil nämlich, weil Mutter damals hochschwanger, weil ich überhaupt nur zufällig lebe.

Und schon bin ich abermals jemand zu Diensten, darf aber vorerst von meinem bißchen Ich absehen, denn diese Geschichte fing lange vor mir, vor mehr als hundert Jahren an, und zwar in der mecklenburgischen Residenzstadt Schwerin, die sich zwischen sieben Seen erstreckt, mit der

Schelfstadt und einem vieltürmigen Schloß auf Postkarten ausgewiesen ist und über die Kriege hinweg äußerlich heil blieb.

Anfangs glaubte ich nicht, daß ein von der Geschichte längst abgehaktes Provinznest irgendwen, außer Touristen, anlocken könnte, doch dann wurde der Ausgangsort meiner Story plötzlich im Internet aktuell. Ein Namenloser gab mit Daten, Straßennamen und Schulzeugnissen personenbezogene Auskunft, wollte für einen Vergangenheitskrämer wie mich unbedingt eine Fundgrube aufdecken.

Bereits als die Dinger auf den Markt kamen, habe ich mir einen Mac mit Modem angeschafft. Mein Beruf verlangt diesen Abruf weltweit vagabundierender Informationen. Lernte leidlich, mit meinem Computer umzugehen. Bald waren mir Wörter wie Browser und Hyperlink nicht mehr böhmisch. Holte Infos für den Gebrauch oder zum Wegschmeißen per Mausklick rein, begann aus Laune oder Langeweile von einem Chatroom zum anderen zu hüpfen und auf die blödeste Junk-Mail zu reagieren, war auch kurz auf zwei, drei Pornosites und stieß nach ziellosem Surfen schließlich auf Homepages, in denen sogenannte Vorgestrige, aber auch frischgebackene Jungnazis ihren Stumpfsinn auf Haßseiten abließen. Und plötzlich – mit einem Schiffsnamen als Suchwort – hatte ich die richtige Adresse angeklickt: »www.blutzeuge.de«. In gotischen Lettern klopfte eine »Kameradschaft Schwerin« markige Sprüche. Lauter nachträgliches Zeug. Mehr zum Lachen als zum Kotzen.

Seitdem steht fest, wessen Blut zeugen soll. Aber noch weiß ich nicht, ob, wie gelernt, erst das eine, dann das andere und danach dieser oder jener Lebenslauf abgespult werden soll oder ob ich der Zeit eher schrägläufig in die Quere kommen muß, etwa nach Art der Krebse, die den Rückwärtsgang seitlich ausscherend vortäuschen, doch ziemlich schnell vorankommen. Nur soviel ist sicher: Die Natur oder genauer gesagt die Ostsee hat zu all dem, was hier zu berichten sein wird, schon vor länger als einem halben Jahrhundert ihr Ja und Amen gesagt.

Zuerst ist jemand dran, dessen Grabstein zertrümmert wurde. Nach Schulabschluß – mittlere Reife – begann seine Banklehre, die er unauffällig beendete. Nichts davon fand sich im Internet. Dort wurde nur auf eigens ihm gewidmeter Website der 1895 in Schwerin geborene Wilhelm Gustloff als »Blutzeuge« gefeiert. So fehlten Hinweise auf den angegriffenen Kehlkopf, sein chronisches Lungenleiden, das ihn hinderte, im Ersten Weltkrieg tapfer zu sein. Während Hans Castorp, ein junger Mann aus hanseatischem Haus, auf Geheiß seines Erfinders den Zauberberg verlassen mußte, um auf Seite 994 des gleichnamigen Romans in Flandern als Kriegsfreiwilliger zu fallen oder ins literarische Ungefähr zu entkommen, schickte die Schweriner Lebensversicherungsbank ihren tüchtigen Angestellten im Jahr siebzehn fürsorglich in die Schweiz, wo er in Davos sein Leiden auskurieren sollte, woraufhin er in besonderer Luft so gesund wurde, daß ihm nur mit anderer Todesart beizukommen war; nach Schwerin, ins niederdeutsche Klima wollte er vorerst nicht zurück.

Als Gehilfe fand Wilhelm Gustloff Arbeit in einem Observatorium. Kaum war diese Forschungsstätte in eine eidgenössische Stiftung umgewandelt, stieg er zum Observatoriumssekretär auf, dem dennoch Zeit blieb, sich als reisender Vertreter einer Gesellschaft für Hausratsversicherungen ein Zubrot zu verdienen; so lernte er nebenberuflich die Kantone der Schweiz kennen. Gleichzeitig war seine Frau Hedwig fleißig: als Sekretärin half sie, ohne sich ihrer völkischen

Gesinnung wegen überwinden zu müssen, bei einem Rechtsanwalt namens Moses Silberroth aus.

Bis hierhin ergeben die Fakten das Bild eines bürgerlich gefestigten Ehepaares, das aber, wie sich zeigen wird, eine dem schweizerischen Erwerbssinn angepaßte Lebensart nur vortäuschte; denn anfangs unterschwellig, später offen heraus – und lange geduldet vom Arbeitgeber – nutzte der Observatoriumssekretär erfolgreich sein angeborenes Organisationstalent: er trat in die Partei ein und hat bis Anfang sechsunddreißig unter den in der Schweiz lebenden Reichsdeutschen und Österreichern etwa fünftausend Mitglieder angeworben, landesweit in Ortsgruppen versammelt und auf jemanden vereidigt, den sich die Vorsehung als Führer ausgedacht hatte.

Zum Landesgruppenleiter jedoch war er von Gregor Strasser ernannt worden, dem die Organisation der Partei unterstand. Strasser, der dem linken Flügel angehörte, wurde, nachdem er zweiunddreißig aus Protest gegen seines Führers Nähe zur Großindustrie alle Ämter niedergelegt hatte, zwei Jahre später dem Röhmputsch zugezählt und von den eigenen Leuten liquidiert; sein Bruder Otto rettete sich ins Ausland. Daraufhin mußte sich Gustloff ein neues Vorbild suchen.

Als aufgrund einer Anfrage, gestellt im Kleinen Rat von Graubünden, ein Beamter der Fremdenpolizei von ihm wissen wollte, wie er inmitten der Eidgenossenschaft sein Amt als Landesgruppenleiter der NSDAP verstehe, soll er geantwortet haben: »Ich liebe auf der Welt am meisten meine Frau und meine Mutter. Wenn mein Führer mir befähle, sie zu töten, würde ich ihm gehorchen.«

Dieses Zitat wurde im Internet bestritten. Solche und weitere Lügen habe in seinem Machwerk der Jude Emil Ludwig erfunden, hieß es in dem von der Kameradschaft Schwerin angebotenen Chatroom. Vielmehr sei weiterhin der Einfluß von Gregor Strasser auf den Blutzeugen wirksam geblieben. Stets habe Gustloff vor dem Nationalen das Sozialistische seiner Weltanschauung betont. Bald tobten Flügelkämpfe zwischen den Chattern. Eine virtuelle Nacht der langen Messer forderte Opfer.

Dann jedoch wurde allen interessierten Usern ein Datum in Erinnerung gerufen, das als Ausweis der Vorsehung gelten sollte. Was ich mir als bloßen Zufall zu erklären versucht hatte, hob den Funktionär Gustloff in überirdische Zusammenhänge: am 30. Januar 1945 begann, auf den Tag genau fünfzig Jahre nach der Geburt des Blutzeugen, das auf ihn getaufte Schiff zu sinken und so zwölf Jahre nach der Machtergreifung, abermals auf den Tag genau, ein Zeichen des allgemeinen Untergangs zu setzen.

Da steht es wie mit Keilschrift in Granit gehauen. Das verfluchte Datum, mit dem alles begann, sich mordsmäßig steigerte, zum Höhepunkt kam, zu Ende ging. Auch ich bin, dank Mutter, auf den Tag des fortlebenden Unglücks datiert worden; dagegen lebt sie nach einem anderen Kalender und ermächtigt weder den Zufall noch ähnliche Alleserklärer.

»Aber nai doch!« ruft sie, die ich nie besitzergreifend »meine«, sondern immer nur »Mutter« nenne. »Das Schiff hätt auf sonst wen jetauft sain kennen ond wär trotzdem abjesoffen. Mecht mal bloß wissen, was sich dieser Russki jedacht hat, als er Befehl jab, die drai Dinger direktemang auf ons loszuschicken ...«

So mault sie immer noch, als wäre seitdem nicht ein Haufen Zeit bachrunter gegangen. Wörter breitgetreten, Sätze in der Wäschemangel gewalkt. Sie sagt Bulwen zu Kartoffeln,

Glumse zu Quark und Pomuchel, wenn sie Dorsch in Mostrichsud kocht. Mutters Eltern, August und Erna Pokriefke, kamen aus der Koschneiderei, wurden Koschnäwjer genannt. Sie jedoch wuchs in Langfuhr auf. Nicht aus Danzig stammt sie, sondern aus diesem langgestreckten, immer wieder ins Feld hinein erweiterten Vorort, dessen eine Straße Elsenstraße hieß und dem Kind Ursula, Tulla gerufen, Welt genug gewesen sein muß, denn wenn sie, wie es bei Mutter heißt, »von janz frieher« erzählt, geht es zwar oft um Badevergnügen am nahen Ostseestrand oder um Schlittenfahrten in den Wäldern südlich des Vorortes, doch meistens zwingt sie ihre Zuhörer auf den Hof des Mietshauses Elsenstraße 19 und von dort aus, am angeketteten Schäferhund Harras vorbei, in eine Tischlerei, deren Arbeitsgeräusch von einer Kreis-, einer Bandsäge, der Fräse, der Hobelmaschine und dem wummernden Gleichrichter bestimmt wurde. »Als kleine Göre schon hab ech im Knochenleimpott rumriehren jedurft...« Weshalb dem Kind Tulla, wo es stand, lag, ging, rannte oder in einer Ecke kauerte, jener, wie erzählt wird, legendäre Knochenleimgeruch anhing.

Kein Wunder also, daß Mutter, als wir gleich nach dem Krieg in Schwerin einquartiert wurden, in der Schelfstadt das Tischlerhandwerk gelernt hat. Als »Umsiedlerin«, wie es im Osten hieß, bekam sie prompt eine Lehrstelle bei einem Meister zugewiesen, dessen Bruchbude mit vier Hobelbänken und ständig blubberndem Leimpott als alteingesessen galt. Von dort aus war es nicht weit zur Lehmstraße, wo Mutter und ich ein Dach aus Teerpappe überm Kopf hatten. Doch wenn wir nach dem Unglück nicht in Kolberg an Land gegangen wären, wenn uns vielmehr das Torpedoboot *Löwe* nach Travemünde oder Kiel, also in den Westen gebracht hätte, wäre Mutter als »Ostflüchtling«, wie es drüben hieß, bestimmt auch Tischlerlehrling geworden. Ich sage Zufall, während sie vom ersten Tag an den Ort unserer Zwangseinweisung als vorbestimmt angesehen hat.

»Ond wann jenau hat nu dieser Russki, der Käpten auf dem U-Boot jewesen is, sain Jeburtstag jehabt? Du waißt doch sonst alles aufs Haar jenau...«

Nein, so wie bei Wilhelm Gustloff – und wie ich es mir aus dem Internet geholt habe – weiß ich das nicht. Nur das Geburtsjahr konnte ich rausfingern und sonst noch paar Fakten und Vermutungen, was Journalisten Hintergrundmaterial nennen.

Alexander Marinesko wurde 1913 geboren, und zwar in der Hafenstadt Odessa, am Schwarzen Meer gelegen, die einmal prächtig gewesen sein muß, was in Schwarzweißbildern der Film »Panzerkreuzer Potemkin« bezeugt. Seine Mutter stammte aus der Ukraine. Der Vater war Rumäne und hatte seinen Ausweis noch als Marinescu unterschrieben, bevor er wegen Meuterei zum Tode verurteilt wurde, doch in letzter Minute fliehen konnte.

Sein Sohn Alexander wuchs im Hafenviertel auf. Und weil in Odessa Russen, Ukrainer und Rumänen, Griechen und Bulgaren, Türken und Armenier, Zigeuner und Juden eng beieinanderlebten, sprach er ein Mischmasch aus vielerlei Sprachen, muß aber innerhalb seiner Jungenbande verstanden worden sein. Sosehr er sich später bemühte, Russisch zu sprechen, nie wollte es ihm ganz gelingen, sein von jiddischen Einschiebseln durchsupptes Ukrainisch von seines Vaters rumänischen Flüchen zu säubern. Als er schon Maat auf einem Handelsschiff war, lachte man über sein Kauderwelsch; doch im Verlauf der Jahre wird vielen das

Lachen vergangen sein, so komisch in späterer Zeit die Befehle des U-Bootkommandanten geklungen haben mögen.

Jahre zurückgespult: der siebenjährige Alexander soll vom Überseekai aus gesehen haben, wie die restlichen Truppen der »Weißen« und der abgekämpfte Rest der britischen und französischen Interventionsarmeen fluchtartig Odessa verließen. Bald darauf erlebte er den Einmarsch der »Roten«. Säuberungen fanden statt. Dann war der Bürgerkrieg so gut wie vorbei. Und als einige Jahre später wieder ausländische Schiffe im Hafenbecken anlegen durften, soll der Junge nach Münzen, die von schöngekleideten Passagieren ins Brackwasser geworfen wurden, mit Ausdauer und bald mit Geschick getaucht haben.

Das Trio ist nicht komplett. Einer fehlt noch. Seine Tat hat etwas in Gang gesetzt, das Sogwirkung bewies und nicht aufzuhalten war. Da er, gewollt wie ungewollt, den einen, der aus Schwerin kam, zum Blutzeugen der Bewegung und den Jungen aus Odessa zum Helden der baltischen Rotbannerflotte gemacht hat, ist ihm für alle Zeit die Anklagebank sicher. Solche und ähnliche Beschuldigungen las ich, mittlerweile gierig geworden, der immer gleich firmierenden Homepage ab: »Ein Jude hat geschossen...«

Weniger eindeutig ist, wie ich inzwischen weiß, eine Streitschrift betitelt, die der Parteigenosse und Reichsredner Wolfgang Diewerge im Franz Eher Verlag, München, im Jahr 1936 erscheinen ließ. Allerdings wußte die Kameradschaft Schwerin, nach des Irrsinns schlüssiger Logik, mehr zu verkünden, als Diewerge zu wissen vorgab: »Ohne den Juden wäre es auf der von Minen geräumten Route, Höhe Stolpmünde, nie zur größten Schiffskatastrophe aller Zeiten gekommen. Der Jude hat... Der Jude ist schuld...«

Im Chatroom waren dem teils deutsch, teils englisch angerührten Gequassel dennoch einige Fakten abzulesen. Wußte der eine Chatter, daß Diewerge bald nach Kriegsbeginn Intendant des Reichssenders Danzig gewesen sei, hatte ein anderer Kenntnis von dessen Tätigkeiten während der Nachkriegszeit: er soll, verkumpelt mit anderen Obernazis, so mit dem späteren FDP-Bundestagsabgeordneten Achenbach, die nordrhein-westfälischen Liberalen unterwandert haben. Auch habe, ergänzte ein Dritter, der ehemalige NS-Propagandaexperte während der siebziger Jahre eine geräuscharme Spendenwaschanlage zugunsten der FDP betrieben, und zwar in Neuwied am Rhein. Schließlich drängten sich im randvollen Chatroom doch noch Fragen nach dem Täter von Davos, denen zielsichere Antworten Punkte setzten.

Vier Jahre älter als Marinesko und vierzehn Jahre jünger als Gustloff, wurde David Frankfurter 1909 in der westslawonischen Stadt Daruvar als Sohn eines Rabbiners geboren. Zu Hause sprach man Jiddisch und Deutsch, in der Schule lernte David Serbisch sprechen und schreiben, bekam aber auch den tagtäglichen Haß auf die Juden zu spüren. Vermutend nur steht hier: Damit umzugehen, bemühte er sich vergeblich, weil seine Konstitution keine robuste Gegenwehr erlaubte und ihm geschickte Anpassung an die Verhältnisse zuwider war.

Mit Wilhelm Gustloff hatte David Frankfurter nur soviel gemein: wie jener durch seine Lungenkrankheit behindert war, litt dieser seit seiner Kindheit an chronischer Knochenmarkeiterung. Doch wenn Gustloff sein Leiden in Davos bald hatte auskurieren können und später als gesunder Parteigenosse tüchtig wurde, konnten dem kranken David keine Ärzte helfen; vergeblich mußte er fünf Operationen erleiden: ein hoffnungsloser Fall.

Vielleicht hat er der Krankheit wegen ein Medizinstudium begonnen; auf familiären Rat hin in Deutschland, wo schon sein Vater und dessen Vater studiert hatten. Es heißt, weil fortwährend kränkelnd und deshalb an Konzentrationsschwäche leidend, sei er beim Physikum wie bei späteren Examen durchgefallen. Doch im Internet behauptete der Parteigenosse Diewerge im Gegensatz zum gleichfalls zitierten Schriftsteller Ludwig, den Diewerge stets »Emil Ludwig-Cohn« nannte: Der Jude Frankfurter sei nicht nur ein schwächlicher, sondern ein dem Rabbi-Vater auf der Tasche liegender, so fauler wie verbummelter Student gewesen, zudem ein stutzerhaft gekleideter Nichtsnutz und Kettenraucher.

Dann begann – wie jüngst im Internet gefeiert – mit dreimal verfluchtem Datum das Jahr der Machtergreifung. Der Kettenraucher David erlebte in Frankfurt am Main, was ihn und andere Studenten betraf. Er sah, wie die Bücher jüdischer Autoren verbrannt wurden. Seinen Studienplatz im Labor kennzeichnete plötzlich ein Davidstern. Körperlich nah schlug ihm Haß entgegen. Mit anderen wurde er von Studenten, die sich lauthals der arischen Rasse zuzählten, beschimpft. Damit konnte er nicht umgehen. Das hielt er nicht aus. Deshalb floh er in die Schweiz und setzte in Bern, am vermeintlich sicheren Ort, sein Studium fort, um wiederum bei Prüfungen durchzufallen. Dennoch schrieb er seinen Eltern heiter bis positiv gestimmte, den Unterhalt zahlenden Vater beschummelnde Briefe. Als im Jahr drauf seine Mutter starb, unterbrach er das Studium. Vielleicht um bei Verwandten Halt zu suchen, wagte er noch einmal eine Reise ins Reich, wo er in Berlin tatenlos sah, wie sein Onkel, der wie der Vater Rabbiner war, von einem jungen Mann, der laut »Jude, hepp hepp!« schrie, am rötlichen Bart gezerrt wurde.

Ähnlich steht es in Emil Ludwigs romanhaft gehaltener Schrift »Der Mord in Davos«, die der Erfolgsautor 1936 bei Querido in Amsterdam, dem Verlag der Emigranten, erscheinen ließ. Abermals wußte es die Kameradschaft Schwerin auf ihrer Website nicht besser, aber anders, indem sie wiederum den Parteigenossen Diewerge beim Wort nahm, weil dieser den von Berliner Polizisten verhörten Rabbiner Dr. Salomon Frankfurter in seinem Bericht als Zeugen zitiert hatte: »Es ist nicht wahr, daß ein halbwüchsiger Bursche mich am Barte (der übrigens schwarz und nicht rot ist) gezogen und dabei geschrien hat, ›Jude, hepp, hepp!‹«

Es war mir nicht möglich herauszufinden, ob das zwei Jahre nach der angeblichen Beschimpfung angeordnete Polizeiverhör unter Zwang seinen Verlauf genommen hatte. Jedenfalls kehrte David Frankfurter nach Bern zurück und wird aus mehreren Gründen verzweifelt gewesen sein. Zum einen begann wiederum das bis dahin erfolglose Studium, zum anderen litt er, ohnehin körperlich unter Dauerschmerz leidend, unter dem Tod der Mutter. Überdies wuchs sich seine Berliner Kurzvisite bedrückend aus, sobald er in in- und ausländischen Zeitungen Berichte über Konzentrationslager in Oranienburg, Dachau und anderenorts las.

So muß gegen Ende fünfunddreißig der Gedanke an Selbstmord aufgekommen sein und sich wiederholt haben. Später, als der Prozeß lief, hieß es in einem von der Verteidigung bestellten Gutachten: »Frankfurter kam aus inneren seelischen Gründen persönlicher Natur in die psychologisch unhaltbare Situation, von der er sich freimachen mußte. Seine Depression gebar die Selbstmordidee. Der in jedem immanente Selbsterhaltungstrieb hat aber die Kugel von sich selbst auf ein anderes Opfer abgelenkt.«

Dazu gab es im Internet keine spitzfindigen Kommentare. Dennoch beschlich mich mehr und mehr der Verdacht, daß sich hinter der Deckadresse »www.blutzeuge.de« keine glatzköpfige Mehrzahl als Kameradschaft Schwerin zusammengerottet hatte, sondern ein Schlaukopf als Einzelgänger verborgen blieb. Jemand, der wie ich querläufig nach Duftmarken und ähnlichen Absonderungen der Geschichte schnüffelte.

Ein verbummelter Student? Bin ich auch gewesen, als mir die Germanistik stinklangweilig und die Publizistik am Otto-Suhr-Institut zu theoretisch wurde.

Anfangs, als ich Schwerin verließ, dann von Ostberlin aus mit der S-Bahn nach Westberlin wechselte, gab ich mir, wie Mutter beim Abschied versprochen, noch ziemlich Mühe und büffelte wie ein Streber. Zählte – kurz vorm Mauerbau – sechzehneinhalb, als ich begann, Freiheit zu schnuppern. Bei Mutters Schulfreundin Jenny, mit der sie eine Menge verrückte Sachen erlebt haben will, wohnte ich in Schmargendorf nahe dem Roseneck. Hatte ein eigenes Zimmer mit Dachlukenfenster. War eigentlich eine schöne Zeit.

Tante Jennys Mansardenwohnung in der Karlsbader Straße sah wie eine Puppenstube aus. Auf Tischchen, Konsolen, unter Glasstürzen standen Porzellanfigürchen. Meistens Tänzerinnen im Tutu und auf Schuhspitzen stehend. Einige in gewagter Position, alle mit kleinem Köpfchen auf langem Hals. Als junges Ding war Tante Jenny Ballerina gewesen und ziemlich berühmt, bis ihr bei einem der vielen Luftangriffe, die die Reichshauptstadt mehr und mehr flachlegten, beide Füße verkrüppelt wurden, so daß sie mir nun einerseits humpelnd, andererseits mit immer noch graziösen Armbewegungen allerlei Knabberzeug zum Nachmittagstee servierte. Und gleich den zerbrechlichen Figurinen in ihrer

wie eine Oma
↑ ersatzmutter

putzigen Mansarde zeigte ihr kleiner, auf nunmehr dürrem Hals beweglicher Kopf immerfort ein Lächeln, das vereist zu sein schien. Auch fröstelte sie häufig, trank viel heiße Zitrone.

Ich wohnte gerne bei ihr. Sie verwöhnte mich. Und wenn sie von ihrer Schulfreundin sprach – »Meine liebe Tulla hat mir auf Schleichwegen neuerlich ein Briefchen zukommen lassen...« –, war ich für Minuten versucht, Mutter, dieses verflucht zähe Miststück, ein wenig liebzugewinnen; doch dann nervte sie wieder. Ihre von Schwerin aus in die Karlsbader Straße geschmuggelten Kassiber enthielten dichtgedrängte, mit Unterstreichungen ins Bedingungslose gesteigerte Ermahnungen, die mich, mit Mutters Wort, »piesacken« sollten: »Er muß lernen, lernen! Dafür, nur dafür hab ich den Jungen in den Westen geschickt, damit er was aus sich macht...«

In ihrer mir im Ohr nistenden Wortwörtlichkeit hieß das: »Ech leb nur noch dafier, daß main Sohn aines Tages mecht Zeugnis ablegen.« Und als ihrer Freundin Sprachrohr ermahnte mich Tante Jenny mit sanfter, doch immer den Punkt treffender Stimme. Mir blieb nichts übrig, als fleißig zu büffeln.

Ging damals mit einer Horde anderer Republikflüchtlinge meines Alters auf eine Oberschule. Mußte in Sachen Rechtsstaat und Demokratie eine Menge nachholen. Zu Englisch kam Französisch, dafür gab's kein Russisch mehr. Auch wie der Kapitalismus, dank gesteuerter Arbeitslosigkeit, funktioniert, begann ich zu kapieren. War zwar kein glänzender Schüler, schaffte aber, was Mutter mir abverlangt hatte, das Abitur.

Auch sonst war ich bei allem, was nebenbei mit Mädchen ablief, ziemlich gut drauf und nicht einmal knapp bei Kasse, denn Mutter hatte mir, als ich mit ihrem Segen zum Klassen-feind wechselte, noch eine andere Westadresse zugesteckt: »Das is dain Vater, nähm ech an. Is ain Kusäng von mir. Der hat miä, kurz bevor er zum Barras mußte, dickjemacht. Je-denfalls globt der das. Schraib ihm mal, wie's dir jeht, wenn de drieben bist...«

Man soll nicht vergleichen. Doch was das Pekuniäre betraf, ging es mir bald wie David Frankfurter in Bern, dem der ferne Vater monatlich ein Sümmchen aufs Schweizer Konto legte. Mutters Cousin – hab ihn selig – hieß Harry Liebenau, war Sohn des Tischlermeisters in der einstigen Elsenstraße, lebte seit Ende der fünfziger Jahre in Baden-Baden und machte als Kulturredakteur für den Südwestfunk das Nacht-programm: Lyrik gegen Mitternacht, wenn nur noch die Schwarzwaldtannen zuhörten.

Da ich Mutters Schulfreundin nicht dauerhaft auf der Tasche liegen wollte, habe ich in einem an sich netten Brief, gleich nach der Schlußfloskel »Dein Dir unbekannter Sohn«, schön leserlich meine Kontonummer zur Kenntnis gebracht. Weil offenbar zu gut verheiratet, schrieb er zwar nicht zurück, hat aber jeden Monat pünktlich weit mehr als den niedrigsten Alimentesatz berappt, runde zweihundert Mär-ker, was damals eine Stange Geld gewesen ist. Davon wußte Tante Jenny nichts, doch will sie Mutters Cousin Harry gekannt haben, wenn auch nur flüchtig, wie sie mir mit einem Anflug von Röte in ihrem Puppengesicht mehr gestan-den als gesagt hat.

Anfang siebenundsechzig, bald nachdem ich mich in der Karlsbader Straße abgeseilt hatte, nach Kreuzberg gezogen war, darauf mein Studium schmiß und bei Springers »Mor-genpost« als Volontär einstieg, hörte der Geldsegen auf.

Habe danach meinem Zahlvater nie wieder, höchstens mal eine Weihnachtspostkarte geschrieben, mehr nicht. Warum auch. Auf Umwegen hatte mir Mutter auf einem Kassiber zu verstehen gegeben: »Dem mußte nicht groß Dankeschön sagen. Der weiß schon, wieso er blechen muß...«

Offen konnte sie mir damals nicht schreiben, weil sie inzwischen in einem volkseigenen Großbetrieb eine Tischlereibrigade leitete, die nach Plan Schlafzimmermöbel produzierte. Als Genossin durfte sie keine Westkontakte haben, bestimmt nicht mit ihrem republikflüchtigen Sohn, der in der kapitalistischen Kampfpresse zuerst kurze, dann längere Artikel gegen den Mauer- und Stacheldrahtkommunismus schrieb, was ihr Schwierigkeiten genug gemacht hat.

Nahm an, daß Mutters Cousin nicht mehr zahlen wollte, weil ich, statt zu studieren, für Springers Hetzblätter geschrieben habe. Irgendwie hat er ja recht gehabt auf seine scheißliberale Weise. Bin dann auch bald nach dem Anschlag auf Rudi Dutschke von Springer weg. War seitdem ziemlich links eingestellt. Habe, weil damals viel los war, für einen Haufen halbwegs progressiver Blätter geschrieben und mich ganz gut über Wasser gehalten, auch ohne dreimal mehr als den niedrigsten Alimentesatz. Dieser Herr Liebenau ist sowieso nicht mein Vater gewesen. Den hat Mutter nur vorgeschoben. Von ihr weiß ich, daß der Nachtprogrammredakteur gegen Ende der Siebziger, noch bevor ich geheiratet habe, an Herzversagen gestorben ist. War in Mutters Alter, etwas über fünfzig.

Von ihr bekam ich ersatzweise die Vornamen anderer Männer geliefert, die, wie sie sagte, als Väter in Frage gekommen wären. Einen, der verschollen ist, soll man Joachim oder Jochen, einen schon älteren, der angeblich den Hofhund Harras vergiftet hatte, Walter gerufen haben.

Deutschesleiden

Nein, ich habe keinen richtigen Vater gehabt, nur austauschbare Phantome. Da waren die drei Helden, die mir jetzt wichtig sein müssen, besser dran. Jedenfalls hat Mutter selbst nicht gewußt, wer sie geschwängert hatte, als sie mit ihren Eltern am Vormittag des 30. Januar fünfundvierzig vom Kai Gotenhafen-Oxhöft weg als Siebentausendsoundsovielte eingeschifft wurde. Derjenige, nach dem das Schiff getauft worden war, konnte einen Kaufmann, Hermann Gustloff, als Vater nachweisen. Und derjenige, dem es gelang, das überladene Schiff zu versenken, ist in Odessa, weil er als Junge einer Diebesbande angehörte, die »Blatnye« geheißen haben soll, vom Vater Marinesko ziemlich oft verprügelt worden, was eine spürbar väterliche Zuwendung gewesen sein wird. Und David Frankfurter, der von Bern nach Davos reisend dafür gesorgt hat, daß das Schiff nach einem Blutzeugen benannt werden konnte, hat sogar einen richtigen Rabbi zum Vater gehabt. Aber auch ich, der Vaterlose, bin schließlich Vater geworden.

Was wird er geraucht haben? Juno, die sprichwörtlich runde Zigarette? Oder flache Orient? Womöglich, der Mode folgend, solche mit Goldmundstück? Es gibt von ihm als Raucher kein Foto außer einer späten Zeitungsabbildung, die ihn Ende der sechziger Jahre während des endlich erlaubten Kurzaufenthaltes in der Schweiz mit Glimmstengel als älteren Herren vorstellt, der seine Beamtenkarriere bald hinter sich haben wird. Jedenfalls hat er, wie ich, pausenlos gepafft und deshalb in einem Raucherabteil der Schweizerischen Bundesbahn Platz genommen.

Beide reisten per Bahn. Um die Zeit, als David Frankfurter von Bern nach Davos unterwegs war, befand sich Wilhelm Gustloff auf Organisationsreise. In deren Verlauf hat er mehrere Ortsgruppen der Auslands-NSDAP besucht und neue Stützpunkte der Hitlerjugend und des Bundes Deutscher Mädel, kurz BDM, gegründet. Weil seine Reise Ende Januar ihren Weg nahm, wird er in Bern und Zürich, Glarus und Zug vor Reichsdeutschen und Österreichern zum dritten Jahrestag der Machtergreifung eine jeweils mitreißende Rede gehalten haben. Da ihm bereits im Vorjahr von seinem Arbeitgeber, dem Observatorium, auf drängendes Verlangen sozialdemokratischer Abgeordneter gekündigt worden war, konnte er über seine Zeit frei verfügen. Zwar gab es, der agitatorischen Aktivitäten wegen, immer wieder innerschweizer Proteste – in linken Zeitungen hieß er »Der Diktator von Davos«, und der Nationalrat Bringolf forderte seine Ausweisung –, aber im Kanton Graubünden wie im gesamten Bund fand er genügend Politiker und Beamte, die ihn nicht nur finanziell stützten. Von der Kurverwaltung Davos wurden ihm regelmäßig die Namenslisten angereister Kurgäste zugespielt, worauf er die Reichsdeutschen unter ihnen, solange die Kur lief, zu Parteiveranstaltungen nicht etwa nur einlud, sondern aufforderte; unentschuldigtes Nichterscheinen wurde namentlich vermerkt und den zuständigen Stellen im Reich gemeldet.

Um die Zeit der Eisenbahnreise des rauchenden Studenten, der in Bern eine einfache, keine Hin- und Rückfahrkarte verlangt hatte, und während sich der spätere Blutzeuge im Dienst seiner Partei bewährte, hatte der Schiffsmaat Alexander Marinesko bereits von der Handelsmarine zur Schwarzmeer-Rotbannerflotte gewechselt, in deren Lehrdivision er an einem Navigationskurs teilnahm und dann zum U-Bootfahrer ausgebildet wurde. Zugleich war er Mitglied der Jugendorganisation Komsomol und bewies sich – was er im Dienst durch Leistung wettmachte – als außerdienstlicher

Trinker; an Bord eines Schiffes hat er niemals die Flasche am Hals gehabt. Bald wurde Marinesko als Navigationsoffizier einem U-Boot zugeteilt, dem *Sch 306 Pische*; diese kurz zuvor in Dienst gestellte Schiffseinheit lief nach Kriegsbeginn, als Marinesko schon an Bord eines anderen U-Bootes Offizier war, auf eine Mine und sank mit der gesamten Mannschaft.

Von Bern über Zürich, dann an diversen Seen vorbei. Der Parteigenosse Diewerge hat sich in seiner Schrift, die den Weg des reisenden Medizinstudenten nachzeichnet, nicht mit Landschaftsbeschreibungen aufgehalten. Und auch der Kettenraucher im dreizehnten Semester wird nur wenig von den entgegenkommenden, schließlich den Horizont verengenden Gebirgszügen wahrgenommen haben, allenfalls Haus, Baum und Berg deckenden Schnee und den von Tunneldurchfahrten bestimmten Lichtwechsel.

David Frankfurter reiste am 31. Januar 1936. Er las Zeitung und rauchte. Unter der Rubrik »Vermischtes« stand einiges über die Aktivitäten des Landesgruppenleiters Gustloff zu lesen. Die Tageszeitungen, unter ihnen die »Neue Zürcher« und die »Basler Nationalzeitung«, wiesen das Datum aus und berichteten über alles, was gleichzeitig geschah oder sich als zukünftiges Geschehen ankündigte. Zu Beginn des Jahres, das als Jahr der Berliner Olympiade in die Geschichte eingehen sollte, hatte das faschistische Italien das ferne Reich des Negus, Abessinien, noch nicht besiegt und zeichnete sich in Spanien Kriegsgefahr ab. Im Reich machte der Bau der Reichsautobahn Fortschritte, und in Langfuhr zählte Mutter achteinhalb. Zwei Sommer zuvor war ihr Bruder Konrad, das taubstumme Lockenköpfchen, beim Baden in der Ostsee ertrunken. Er ist ihr Lieblingsbruder gewesen. Deshalb mußte sechsundvierzig Jahre nach seinem Tod mein Sohn auf den Namen Konrad getauft werden; doch wird er allgemein Konny gerufen und in Briefen von seiner Freundin Rosi als »Conny« angeschrieben.

Bei Diewerge steht, der Landesgruppenleiter sei am 3. Februar, müde von der erfolgreichen Reise durch die Kantone, zurückgekehrt. Frankfurter wußte, daß er am dritten in Davos eintreffen würde. Außer den Tageszeitungen las er regelmäßig das von Gustloff herausgegebene Parteiblatt »Der Reichsdeutsche«, in dem die Termine vorgemerkt standen. David war beinahe alles über sein Zielobjekt bekannt. Er hatte sich inhalierend vollgesogen mit ihm. Aber wußte er auch, daß sich im Jahr zuvor das Ehepaar Gustloff vom Ersparten ein Klinkerhaus in Schwerin hatte bauen lassen, vorsorglich möbliert für die geplante Rückkehr ins Reich? Und daß sich beide innig einen Sohn wünschten?

Als der Medizinstudent in Davos eintraf, war Neuschnee gefallen. Auf den Schnee schien die Sonne, und der Kurort sah wie auf Postkarten aus. Er war ohne Gepäck, doch mit fester Absicht gereist. Aus der »Basler Nationalzeitung« hatte er eine fotografische Abbildung Gustloffs in Uniform herausgerissen: ein hochgewachsener Mann, der angestrengt entschlossen guckte und dem Haarausfall zu einer hohen Stirn verhalf.

Frankfurter quartierte sich im »Löwen« ein. Er mußte bis zum Dienstag, dem 4. Februar, warten. Dieser Wochentag heißt bei den Juden »Ki Tow« und gilt als Glückstag; eine Information, die ich mir aus dem Internet gefischt habe. Auf nun vertrauter Homepage wurde unter diesem Datum des Blutzeugen gedacht.

Bei Sonnenschein rauchend auf harschem Schnee. Jeder Schritt knirschte. Am Montag fand die Stadtbesichtigung statt. Wiederholt die Kurpromenade auf und ab. Als Zuschauer zwischen Zuschauern unauffällig bei einem Eishockeyspiel. Zwanglose Gespräche mit Kurgästen. Weiß stand der Atem vorm Mund. Keinen Verdacht erregen. Kein Wort zuviel. Keine Eile. Alles war vorbereitet. Mit einem umstandslos gekauften Revolver hatte er in der Nähe von Bern auf dem Schießplatz Ostermundingen geübt, was erlaubt war. Sosehr er kränkelte, seine Hand hatte sich als ruhig erwiesen.

Am Dienstag wurde ihm, nun vor Ort, ein wetterfest beschrifteter Wegweiser – »Wilhelm Gustloff NSDAP« – behilflich: von der Kurpromenade zweigte die Straße »Am Kurpark« ab und führte zum Haus Nummer drei. Ein waschblau verputztes Gebäude mit Flachdach, an dessen Regenrinne Eiszapfen hingen. Wenige Straßenlaternen standen gegen die abendliche Dunkelheit. Kein Schneefall.

Soweit die Außenansicht. Weitere Einzelheiten blieben ohne Bedeutung. Über den Ablauf der Tat konnten später nur der Täter und die Witwe aussagen. Mir ist das Innere des betreffenden Teils der Wohnung auf einem Foto einsehbar geworden, das auf besagter Homepage den eingerückten Text illustrieren sollte. Das Foto wurde offenbar nach der Tat gemacht, denn drei frische Blumensträuße auf Tischen und einer Kommode, zudem ein blühender Blumentopf geben dem Raum das Aussehen eines Gedenkzimmers.

Nach dem Klingeln öffnete Hedwig Gustloff. Ein junger Mann, über den sie später ausgesagt hat, er habe gute Augen gehabt, bat um ein Gespräch mit dem Landesgruppenleiter. Der stand im Korridor und telefonierte mit dem Parteigenossen Dr. Habermann vom Stützpunkt Thun. Im Vorbeigehen will Frankfurter das Wort »Schweinejuden« aufgeschnappt haben, was Frau Gustloff später bestritten hat: Diese Wortwahl sei ihrem Gatten fremd gewesen, wenngleich er die Lösung der Judenfrage als unaufschiebbar angesehen habe.

Sie führte den Besucher in das Arbeitszimmer ihres Mannes und bat ihn, Platz zu nehmen. Kein Verdacht. Oft kamen unangemeldet Bittsteller, unter ihnen Gesinnungsgenossen, die in Not geraten waren.

Vom Sessel aus sah der Medizinstudent, der im Mantel mit dem Hut auf den Knien saß, den Schreibtisch, darauf die Uhr im leichtgeschwungenen Holzgehäuse, darüber den Ehrendolch der SA hängen. Oberhalb und seitlich des Dolches waren in lockerer Anordnung mehrere Abbildungen des Führers und Reichskanzlers schwarzweißer und farbiger Zimmerschmuck. Kein Bild des vor zwei Jahren ermordeten Mentors Gregor Strasser war auszumachen. Seitlich das Modell eines Segelschiffes, wahrscheinlich der *Gorch Fock*.

Ferner hätte der wartende Besucher, der sich das Rauchen versagte, auf einer neben dem Schreibtisch stehenden Kommode den Radioapparat sehen können, daneben des Führers Büste, entweder als Bronzeguß oder in Gips, dessen Bemalung Bronze vortäuschen sollte. Die fotografierten Schnittblumen auf dem Schreibtisch können schon vor der Tatzeit eine Vase gefüllt haben, liebevoll von Frau Gustloff arrangiert zur Begrüßung ihres Mannes nach anstrengender Reise, zudem als später Geburtstagsgruß.

Auf dem Schreibtisch Kleinkram und viel lässig geordnetes Papier: vielleicht Ortsgruppenberichte aus den Kantonen, sicher Korrespondenz mit Dienststellen im Reich, wahrscheinlich einige Drohbriefe, die in jüngster Zeit häufig mit der Post gekommen waren; doch Gustloff hatte Polizeischutz abgelehnt.

Er betrat das Arbeitszimmer ohne seine Frau. Stramm und gesund, weil seit Jahren jenseits seiner Tuberkulose, ging er zivil gekleidet auf den Besucher zu, der sich nicht aus dem Sessel erhob, sondern sitzend schoß, kaum hatte er den Revolver aus der Tasche des Wintermantels gezogen. Gezielte Schüsse machten in der Brust, im Hals, im Kopf des Landesgruppenleiters vier Löcher. Der brach vor den gerahmten Bildern seines Führers ohne Schrei zusammen. Gleich darauf stand seine Frau im Zimmer, sah zuerst den noch in Schußrichtung gehaltenen Revolver, dann ihren gestürzten Mann, der, während sie sich über ihn beugte, aus allen Wundlöchern zu verbluten begann.

David Frankfurter, der Reisende ohne Rückfahrkarte, setzte den Hut auf und verließ, ohne von den aufgestörten Mitbewohnern des Hauses gehindert zu werden, den Ort seiner vorbedachten Tat, irrte einige Zeit im Schnee umher, fiel dabei mehrmals, hatte die Notrufnummer im Kopf, bezichtigte sich in einer Telefonzelle als Täter, fand schließlich das nächstgelegene Wachlokal und stellte sich der kantonalen Polizei.

Den folgenden Satz hat er zuerst dem wachhabenden Beamten zu Protokoll gegeben und später vor Gericht wiederholt, ohne ihn zu variieren: »Ich habe geschossen, weil ich Jude bin. Ich bin mir meiner Tat vollkommen bewußt und bereue sie auf keinen Fall.«

Danach wurde eine Menge Papier bedruckt. Was bei Wolfgang Diewerge »eine feige Mordtat« hieß, geriet dem Romanautor Emil Ludwig zum »Kampf Davids gegen Goliath«. Bei dieser gegensätzlichen Bewertung ist es bis in die digital vernetzte Gegenwart geblieben. Schon bald ließ alles, was danach, den Prozeß eingeschlossen, geschah, den Täter und das Opfer hinter sich und gewann Bedeutung. Dem Helden von biblischem Zuschnitt, der mit schlicht begründeter Tat sein gepeinigtes Volk zum Widerstand aufrufen wollte, stand der Blutzeuge der nationalsozialistischen Bewegung gegenüber. Beide sollten überlebensgroß ins Buch der Geschichte eingehen. Der Täter jedoch geriet bald in Vergessenheit; auch Mutter hat, als sie ein Kind war und Tulla gerufen wurde, nie etwas von einem Mord und dem Mörder, nur Märchenhaftes von einem Schiff gehört, das weiß schimmerte und beladen mit fröhlichen Menschen lange und kurze Seereisen für einen Verein machte, der sich »Kraft durch Freude« nannte.

- Frankfurter wird vergessen

wird nach Gustloff genannt

2

Als ich noch ein alimentierter Bummelstudent war, habe ich an der TU Professor Höllerer gehört. Mit dringlicher Vogelstimme begeisterte er den übervollen Hörsaal. Es ging um Kleist, Grabbe, Büchner, lauter Genies auf der Flucht. »Zwischen Klassik und Moderne« hieß eine seiner Vorlesungen. Ich gefiel mir zwischen jungen Literaten und noch jüngeren Buchhändlerinnen im Waitzkeller, wo Unfertiges vorgelesen und zerredet wurde. In der Carmerstraße habe ich sogar an einem Kurs nach amerikanischem Muster – creative writing – teilgenommen. Ein gutes Dutzend Hoffnungsträger, Talente waren darunter. Bei mir soll es nicht gelangt haben, versicherte einer der Dozenten, der uns Anfänger mit Themen wie »Telefonseelsorge« zum epischen Entwurf herausfordern wollte. Bei mir reiche es allenfalls zum Kolportageroman. Nun aber hat er mich doch aus der Versenkung geholt: das Herkommen meiner verkorksten Existenz sei ein einmaliges Ereignis, exemplarisch und deshalb erzählenswert.

Einige Talente von damals sind bereits tot. Zwei, drei haben sich einen Namen gemacht. Mein einstiger Dozent scheint sich hingegen leergeschrieben zu haben, sonst hätte er mich nicht als Ghostwriter in Dienst gestellt. Ich will aber nicht weiter im Krebsgang. Es stocke, sagte ich ihm, lohne den Aufwand nicht. Das waren doch nur zwei Spinner, der eine wie der andere. Von wegen, er hat sich geopfert, um seinem Volk ein Beispiel für heldenhaften Widerstand zu liefern. Ging den Juden nach dem Mord kein Stück besser. Im Gegenteil! Der Terror war Gesetz. Und als zweieinhalb Jahre später der Jude Herschel Grünspan in Paris den Diplomaten Ernst vom Rath erschoß, gab es als Antwort die Reichskristallnacht. Und was hat den Nazis, frage ich mich, ein Blutzeuge mehr eingebracht? Na schön, ein Schiff wurde auf seinen Namen getauft.

Und schon bin ich wieder auf Spur. Nicht etwa, weil mir der Alte im Nacken sitzt, eher weil Mutter niemals lockergelassen hat. Schon in Schwerin, wo ich, wenn irgendwas eingeweiht wurde, mit Halstuch und im Blauhemd rumhampeln mußte, hat sie mich gelöchert: »Wie aisig die See jewesen is und wie die Kinderchen alle koppunter. Das mußte aufschraiben. Biste ons schuldig als glicklich Ieberlebender. Werd ech dir aines Tages erzählen, klitzeklain, ond denn schreibste auf...«

Aber ich wollte nicht. Mochte doch keiner was davon hören, hier im Westen nicht und im Osten schon gar nicht. Die *Gustloff* und ihre verfluchte Geschichte waren jahrzehntelang tabu, gesamtdeutsch sozusagen. Mutter hörte trotzdem nicht auf, mir per Kurierpost in den Ohren zu liegen. Als ich das Studium geschmissen hatte und ziemlich rechtslastig für Springer zu schreiben begann, bekam ich zu lesen: »Der ist ein Revanchist. Der setzt sich für uns Vertriebene ein. Der druckt das bestimmt in Fortsetzungen, wochenlang...«

Und später, als mir die »taz« und sonstige linke Kopfstände auf den Nerv gingen, hat mir Tante Jenny, sobald sie mich bei Habel am Roseneck zu Spargel und frischen Kartoffeln am Tisch hatte, Mutters Ermahnungen zum Dessert geliefert: »Meine liebe Freundin Tulla setzt immer noch große

Erwartungen in dich. Sie läßt dir sagen, daß es deine Sohnespflicht bleibt, endlich aller Welt zu berichten...«

Doch ich hielt weiterhin unter Verschluß. Ließ mich nicht nötigen. All die Jahre lang, in denen ich freiberuflich längere Artikel für Naturzeitschriften, etwa über den biodynamischen Gemüseanbau und Umweltschäden im deutschen Wald, auch Bekenntnishaftes zum Thema »Nie wieder Auschwitz« geliefert habe, gelang es mir, die Umstände meiner Geburt auszusparen, bis ich Ende Januar sechsundneunzig zuerst die rechtsradikale Stormfront-Homepage angeklickt hatte, bald auf einige *Gustloff*-Bezüglichkeiten stieß und dann auf der Website »www.blutzeuge.de« mit der Kameradschaft Schwerin vertraut wurde.

Machte erste Notizen. Staunte. War verblüfft. Wollte wissen, wieso diese Provinzgröße – und zwar von den vier Schüssen in Davos an – imstande war, neuerdings Surfer anzulocken. Dabei geschickt aufgemacht die Homepage. Montierte Fotos Schweriner Lokalitäten. Dazwischen nette Fragesätze: »Wollt Ihr mehr über unseren Blutzeugen wissen? Sollen wir Euch seine Story Stück für Stück liefern?«

Von wegen wir! Von wegen Kameradschaft! Hätte wetten mögen, daß da jemand solo im Internet schwamm. Dieser kackbraun aufgehenden Saat diente einunddasselbe Köpfchen als Mistbeet. Sah hübsch aus und war gar nicht mal dumm, was dieser Heini über »Kraft durch Freude« ins Netz stellte. Urlauberfotos von lachenden Schiffsreisenden. Badefreuden an den Stränden der Insel Rügen.

Davon wußte Mutter natürlich wenig. Bei ihr hieß »Kraft durch Freude« immer nur »Kaadeäff«. In den Langfuhrer Kunstlichtspielen hatte sie als Zehnjährige in »Fox tönende Wochenschau« dies und das, aber auch »onser Kaadeäffschiff« anläßlich der Jungfernfahrt gesehen. Außerdem sind

Vater und Mutter Pokriefke, er als Arbeiter und Parteigenosse, sie als Mitglied der NS-Frauenschaft, im Sommer neununddreißig an Bord der *Gustloff* gewesen. Eine kleine Gruppe aus Danzig – damals noch Freistaat – durfte mit Sondergenehmigung für Auslandsdeutsche reisen, sozusagen auf den letzten Drücker. Ziel waren Mitte August die Fjorde Norwegens, zu spät für die Zugabe Mitternachtssonne.

Als ich ein Kind war, hat mir Mutter, sobald der ewigwährende Untergang wieder mal Sonntagsthema war, mit Hingabe auf Langfuhrsch versichert, wie begeistert ihr Papa von einer norwegischen Trachtengruppe und deren Volkstänzen, dargeboten auf dem Sonnendeck des KdF-Schiffes, erzählt hat. »Ond maine Mama hädd nech aufheeren jekonnt, von dem ieberall mit bunte Bilder jekachtelten Schwimmbad zu schwärmen, in dem später all die Helferinnen vonne Marine janz dichtjedrängt ham hocken jemußt, bis denn der Russki mit sainem zwaiten Torpedo jenau da all die jungen Dinger zermanscht hat...«

Doch noch ist die *Gustloff* nicht auf Kiel gelegt, geschweige denn vom Stapel gelaufen. Außerdem muß ich zurückstecken, weil gleich nach den tödlichen Schüssen die im Kanton Graubünden zuständigen Richter, der Ankläger und die Verteidiger den Prozeß gegen David Frankfurter vorzubereiten begannen. Das Verfahren sollte in Chur ausgetragen werden. Da der Täter geständig war, konnte mit einem kurzen Prozeß gerechnet werden. In Schwerin aber fing man an, Feierlichkeiten zu organisieren, die von ganz oben angeordnet waren, gleich nach der Überführung der Leiche über die Bühne gehen und im Gedächtnis der Volksgemeinschaft haften bleiben sollten.

Was alles durch gezielte Schüsse auf die Beine gebracht wurde: marschierende SA-Kolonnen, Ehrenspaliere, Kranz- und Fahnenträger, Uniformierte mit Fackeln. Bei dumpfem Trommelwirbel zog Wehrmacht im Trauerschritt vorbei, stand Schwerins in Trauer erstarrtes oder aus bloßer Schaulust drängendes Volk.

Zuvor war der in Mecklenburg eher unbekannte Parteigenosse nur einer von vielen Landesgruppenleitern der NSDAP-Auslandsorganisation gewesen; der tote Wilhelm Gustloff jedoch wurde zu einer Figur aufgepumpt, die einige Tribünenredner hilflos zu machen schien, denn bei der Suche nach vergleichbarer Größe fiel ihnen immer nur jener Oberblutzeuge ein, der einem Lied zum Namen verholfen hatte, das bei offiziellen Anlässen – es fanden sich viele – gleich nach dem Deutschlandlied gespielt und gesungen wurde: »Die Fahne hoch...«

In Davos waren die Feierlichkeiten noch im Kleinformat abgelaufen. Die Kirche der evangelischen Kurgemeinde, eigentlich eine Kapelle, gab das Maß an. Vorm Altar, bekleidet mit der Hakenkreuzfahne, stand der Sarg. Drauf lagen der Ehrendolch, die Armbinde und die SA-Mütze des Toten zum Stilleben geordnet. Etwa zweihundert Parteigenossen waren aus allen Kantonen gekommen. Zudem gaben Schweizer Bürger vor und in der Kapelle ihrer Gesinnung Ausdruck. Ringsum die Berge.

Die eher schlichte Trauerfeier in dem weltbekannten Lungenkurort ist vom Deutschen Rundfunk in Ausschnitten übertragen worden, angeschlossen waren alle Sender im Reichsgebiet. Sprecher forderten dazu auf, den Atem anzuhalten. Doch in keinem Kommentar und in keiner der vielen Reden, die später anderenorts gehalten wurden, fand David Frankfurter namentlich Erwähnung. Er hieß fortan und nur

»der jüdische Meuchelmörder«. Versuche der Gegenseite, den kränkelnden Medizinstudenten zum Helden aufzupäppeln, indem man ihn, seiner serbischen Herkunft wegen, als »jugoslawischen Wilhelm Tell« aufs Podest stellte, sind von Schweizer Patrioten in empörtem Bühnendeutsch zurückgewiesen worden, haben aber die Frage nach den Hintermännern des schießenden jungen Mannes verstärkt; bald wurden jüdische Organisationen als Drahtzieher genannt. Auftraggeber »der feigen Mordtat« sei das organisierte Weltjudentum gewesen.

Unterdessen stand in Davos der Sonderzug für den Sarg bereit. Bei der Abfahrt wurden Kirchenglocken geläutet. Von Sonntag vormittag bis Montag abend war er unterwegs, hielt in Singen erstmals auf reichsdeutschem Gebiet, berührte zwecks feierlichen Kurzaufenthaltes die Städte Stuttgart, Würzburg, Erfurt, Halle, Magdeburg und Wittenberge, wo auf den Bahnsteigen von jeweils zuständigen Gauleitern sowie von Ehrenabordnungen der Partei der Leiche im Sarg der letzte Gruß »entboten« wurde.

Dieses Wort aus der Sinn- und Klangfibel der Erhabenheit entdeckte ich im Internet. Auf der Website wurde im Wortlaut der eingespeisten Berichte nicht einfach nur auf die damals herkömmliche und den italienischen Faschisten abgeguckte Weise mit erhobener rechter Hand gegrüßt, vielmehr fand man sich auf Bahnsteigen und bei allen Trauerkundgebungen zum »Entbieten« des letzten Grußes ein; deshalb wurde unter »www.blutzeuge.de« nicht nur mit Zitaten der Führerrede und Schilderungen der Trauerfeier in Schwerins Festhalle des Toten gedacht, sondern ihm auch aus der neuesten, Cyberspace genannten Dimension der deutsche Gruß »entboten«. Erst danach war der Kameradschaft Schwerin Beethovens »Eroica«, intoniert vom örtlichen Orchester, erwähnenswert.

Immerhin fiel inmitten des weltweit verbreiteten Schwachsinns ein kritischer Nebenton auf. Ein Chatter korrigierte den im zitierten »Völkischen Beobachter« berichteten Ehrensalut einer Wehrmachtsabteilung für den Frontsoldaten Wilhelm Gustloff mit dem Hinweis, der so Geehrte habe seiner Lungenkrankheit wegen nicht am Ersten Weltkrieg teilnehmen, sich nicht tapfer an der Front bewähren, kein Eisernes Kreuz erster oder zweiter Klasse tragen dürfen.

Schien ein Übergenauer zu sein, der als Einzelkämpfer die virtuellen Feierlichkeiten störte. Außerdem vermißte er, nunmehr rechthaberisch, in der Rede des für Mecklenburg zuständigen Gauleiters Hildebrandt einen Hinweis auf die, wie es hieß, »national-bolschewistischen Einflüsse« Gregor Strassers auf den Blutzeugen. Schließlich hätte man von dem ehemaligen Landarbeiter, der die adligen Großgrundbesitzer seit Kindertagen haßte und sich deshalb nach des Führers Machtergreifung eine rigorose Parzellierung der Rittergüter erhofft hatte, eine wenn auch nur angedeutete Ehrenrettung des ermordeten Strasser erwarten dürfen. So etwa las sich das Gequengel. Lauter Besserwissereien, die im Chatroom zum Streit führten.

Unbekümmert um dessen Ausgang, setzte sich, zurück auf der Website, der von Bildern belebte Trauerzug in Bewegung. Bei wechselhaftem Wetter ging es von der Festhalle durch die Gutenbergstraße, Wismarsche Straße über den Totendamm und durch die Wallstraße zum Krematorium. Vier Kilometer lang rollte zwischen beidseitigem Ehrenspalier der Sarg, aufgebahrt auf einer Geschützlafette, bis man ihn, unter Trommelwirbel, zum Zweck der Einäscherung abgeladen und nach der Einsegnung durch einen Geistlichen in den Feuerschacht hinabgelassen hatte. Auf Kommando wurden zu beiden Seiten des schwindenden Sarges die Fahnen gesenkt. Aufmarschierte Kolonnen stimmten das Lied vom toten Kameraden an und entboten mit rechts erhobenen Händen den allerletzten Gruß. Zudem feuerte die Wehrmachtsabteilung nochmals Salven zu Ehren eines Frontsoldaten, der, wie bereits ans Licht gebracht, nie den Grabenkrieg erlebt hatte und dem Trommelfeuer oder »Stahlgewitter«, wie es bei Jünger heißt, erspart worden sind. Ach wäre er doch vor Verdun dabeigewesen und rechtzeitig in einem Granattrichter krepiert!

Da ich in der Stadt zwischen den sieben Seen aufgewachsen bin, weiß ich, wo später am Südufer des Schweriner Sees die Urne im Fundament eingemauert wurde. Drauf stand ein vier Meter hoher Granit, den eine keilförmig gemeißelte Inschrift beredt machte. Mit den Grabsteinen anderer Alter Kämpfer bildete er den Ehrenhain um die eigens gebaute Ehrenhalle. Ich erinnere mich nicht, aber Mutter weiß genau, wann während der ersten Nachkriegsjahre, nicht nur auf Befehl der sowjetischen Besatzungsmacht, alles abgeräumt wurde, was die Bürger der Stadt an den Blutzeugen hätte erinnern können. Für mein mit mir vernetztes Gegenüber jedoch bestand Bedarf, wiederum und an gleicher Stelle einen Gedenkstein zu errichten; nannte er doch Schwerin unentwegt die »Wilhelm-Gustloff-Stadt«.

Alles vergangen, verweht! Wer weiß schon, wie dazumal der Leiter der Deutschen Arbeitsfront geheißen hat? Heute werden neben Hitler als einst allmächtige Größen Goebbels, Göring, Heß genannt. Falls in einem Fernsehquiz nach Himmler oder Eichmann gefragt würde, könnte mit teils richtiger Antwort, aber auch mit ratloser Geschichtsferne gerechnet werden; und schon gäbe es für den alerten Quiz-master Anlaß, den Schwund von soundsoviel tausend Mark mit kleinem Lächeln zu quittieren.

Doch wer, außer meinem im Netz turnenden Webmaster, kennt heutzutage Robert Ley? Dabei ist er es gewesen, der gleich nach der Machtergreifung alle Gewerkschaften aufge-löst, deren Kassen geleert, deren Häuser mit Räumkomman-dos besetzt und deren Mitglieder – Millionen an der Zahl – in der Deutschen Arbeitsfront zwangsorganisiert hat. Ihm, dem Mondgesicht mit Stirnlocke, fiel es ein, allen Staatsbe-amten, danach allen Lehrern und Schülern, schließlich den Arbeitern aller Betriebe die erhobene Hand und den Ruf »Heil Hitler« als Tagesgruß zu befehlen. Und ihm ist die Idee gekommen, auch den Urlaub der Arbeiter und Angestellten zu organisieren, ihnen unter dem Motto »Kraft durch Freu-de« billige Reisen in die bayrischen Alpen und ins Erzge-birge, Urlaub an der Ostseeküste und am Wattenmeer, nicht zuletzt kurze und längere Seereisen zu ermöglichen.

Ein Mann mit Tatkraft, denn all das geschah rastlos und ungebremst, während gleichzeitig anderes geschah und sich Schub um Schub die Konzentrationslager füllten. Anfang vierunddreißig charterte Ley für die von ihm geplante KdF-Flotte das Motorpassagierschiff *Monte Olivia* und den Viertausendtonnendampfer *Dresden*. Zusammen faßten bei-de Schiffe knapp dreitausend Passagiere. Doch schon wäh-rend der achten KdF-Seeurlaubsreise, auf der wiederum die Schönheit norwegischer Fjorde zur Ansicht gebracht werden sollte, riß im Karmsund ein unter Wasser lagerndes Granit-gestein die Schiffswand der *Dresden* dreißig Meter lang auf, so daß sie zu sinken begann. Zwar konnten alle Passagiere bis auf zwei Frauen, die an Herzversagen starben, gerettet werden, aber mit dem Schiff hätte zugleich die KdF-Idee leck-geschlagen sein können.

Nicht für Ley. Eine Woche später charterte er vier weitere Passagierschiffe und verfügte nun über eine ausbaufähige Flotte, die bereits im Verlauf des nächsten Jahres hundert-fünfunddreißigtausend Urlauber an Bord nehmen konnte, in der Regel für fünftägige Norwegenreisen, bald aber auch für Atlantikfahrten zum beliebten Reiseziel Madeira. Nur vierzig Reichsmark kostete die Freude durch Kraft und zehn Mark der Sonderfahrschein für die Bahnreise zum Hambur-ger Hafen.

Als Journalist habe ich mich bei der Sichtung des mir zugänglichen Materials gefragt: Wie konnte es dem durch Ermächtigung entstandenen Staat und der einzig übrigge-bliebenen Partei in so kurzer Zeit gelingen, die in der Arbeits-front organisierten Arbeiter und Angestellten nicht nur zum Stillhalten, sondern zum Mitmachen, alsbald zum Massen-jubel bei angeordneten Anlässen zu verleiten? Eine Teilant-wort ergibt sich aus den Tätigkeiten der NS-Gemeinschaft »Kraft durch Freude«, von der viele Übriggebliebene insge-heim noch lange schwärmten, Mutter sogar offen heraus: »Das wurd nu alles anders als frieher. Main Papa, der ja bai ons inne Tischlerei nur Hilfsarbaiter jewesen is ond der aigentlich an nuscht mehr jeglaubt hat, der hädd auf Kaadeäff schweeren jekonnt, weil er mit maine Mama zum ersten Mal in sain janzes Leben hat verraisen jedurft...«

Nun muß ich einräumen, daß Mutter schon immer vieles zu laut und zur falschen Zeit gesagt hat. Unerbittlich läßt sie fallen oder hält fest. Im März dreiundfünfzig – ich zählte acht und lag mit Mandelentzündung, Röteln oder Masern im Bett – hat sie am Tag, als Stalins Tod bekannt wurde, bei uns in der Küche Kerzen aufgestellt und richtig geweint. Nie wieder habe ich sie so weinen sehen. Als Jahre später Ulbricht weg war vom Fenster, soll sie dessen Nachfolger als »bloßen Dachdecker« abgetan haben. Sie, die erklärte Antifaschistin, hat dennoch über den um fünfzig herum zertrümmerten Gedenkstein für Wilhelm Gustloff gejammert und über die »schuftige Grabschändung« geschimpft. Später, als wir im Westen den Terrorismus hatten, las ich ihrer Schweriner Flaschenpost ab, daß »Baadermeinhof«, die sie als eine Person sah, im Kampf gegen den Faschismus gefallen sei. Unfaßbar blieb, für wen, gegen wen sie war. Doch ihre Freundin Jenny hat, wenn sie von Mutters Sprüchen hörte, nur gelächelt: »So ist Tulla schon immer gewesen. Sie sagt, was andere ungern hören wollen. Dabei übertreibt sie manchmal ein wenig...« Zum Beispiel soll sie sich in ihrem Betriebskollektiv vor den versammelten Genossen »Stalins letzte Getreue« genannt und mit nächstem Satz die klassenlose KdF-Gesellschaft zum Vorbild für jeden wahren Kommunisten hochgelobt haben.

Als im Januar sechsunddreißig der Hamburger Schiffsbauwerft Blohm & Voss der Auftrag erteilt wurde, für die Deutsche Arbeitsfront und deren Unterorganisation »Kraft durch Freude« ein Motorpassagierschiff zu bauen, dessen Kosten mit 25 Millionen Reichsmark veranschlagt wurden, fragte niemand: Woher kommt das viele Geld? Mit 25 484 Bruttoregistertonnen, 208 Meter Länge und 6 bis 7 Meter Tiefgang waren vorerst nur Zahlen vorgegeben. Als Höchstgeschwindigkeit sollten 15,5 Knoten erreicht werden. Das Schiff sollte neben 417 Besatzungsmitgliedern 1463 Passagiere an Bord nehmen. Das waren, den gängigen Schiffsbau betreffend, normale Zahlen, doch im Gegensatz zu anderen Passagierschiffen war dem Neubau die Aufgabe gestellt, mit nur einer einzigen Passagierklasse alle Klassenunterschiede zeitweilig aufzuheben, was, nach Robert Leys Weisung, der angestrebten Volksgemeinschaft aller Deutschen vorbildlich zu werden hatte.

Vorgesehen war, den Neubau beim Stapellauf auf den Namen des Führers zu taufen, doch als der Reichskanzler bei jener Trauerfeier neben der Witwe des in der Schweiz ermordeten Parteigenossen saß, faßte er den Entschluß, das geplante KdF-Schiff nach dem jüngsten Blutzeugen der Bewegung benennen zu lassen; worauf es bald nach dessen Einäscherung im gesamten Reich Plätze, Straßen und Schulen seines Namens gab. Sogar eine Fabrik für Waffen und sonstiges militärisches Gerät, die Simson-Werke in Suhl, wurde nach der Zwangsarisierung umbenannt, auf daß die »Wilhelm Gustloff-Werke« der Aufrüstung dienen und ab zweiundvierzig im Konzentrationslager Buchenwald eine Zweigstelle betreiben konnten.

Ich will jetzt nicht aufzählen, was sonst noch nach ihm hieß – allenfalls die Gustloff-Brücke in Nürnberg und das Gustloff-Haus der deutschen Kolonie im brasilianischen Curitiba –, vielmehr frage ich mich und habe mit dieser Frage das Internet gefüttert: »Was wäre geschehen, wenn das am 4. August 1936 in Hamburg auf Kiel gelegte Schiff beim Stapellauf doch noch auf den Namen des Führers getauft worden wäre?«

Die Antwort kam prompt: »Niemals hätte die *Adolf Hitler* sinken können, weil nämlich die Vorsehung...« undsoweiter undsoweiter. Worauf sich mir der Gedanke näherte: Folglich hätte ich dann nicht als Überlebender eines von aller Welt vergessenen Unglücks herumlaufen müssen. Weil ganz normal in Flensburg an Land gekommen und erst dort von

Mutter entbunden, wäre ich kein exemplarischer Fall und gäbe heute nicht Anlaß fürs Wörterklauben.

»Main Paulchen is was janz Besondres!« Schon als Kind bekam ich Mutters Standardsatz zu hören. Peinlich wurde es, wenn sie vor Nachbarn und sogar vorm versammelten Parteikollektiv meine Besonderheit in breitestem Langfuhrsch auftischte: »Von saine Jeburt an hab ech jewußt, aus dem Bengel wird mal ne richtge Beriehmthait...«

Daß ich nicht lache! Kenne meine Grenzen. Bin ein mittelmäßiger Journalist, der auf Kurzstrecken ziemlich gut abschneidet. Zwar mag ich früher im Plänemachen groß gewesen sein – ein nie geschriebenes Buch sollte »Zwischen Springer und Dutschke« heißen –, doch in der Regel blieb es beim Plan. Als dann Gabi klammheimlich die Pille abgesetzt hatte, eindeutig von mir schwanger war und mich vors Standesamt geschleppt hatte, wurde mir, kaum war der Schreihals da und die zukünftige Pädagogin wieder im Studium, sonnenklar: Ab jetzt geht nichts mehr. Von jetzt an kannst du dich nur noch als Hausmann beim Windelnwechseln und Staubsaugen bewähren. Schluß mit Gernegroß! Wer sich mit fünfunddreißig und beginnendem Haarausfall noch ein Kind andrehen läßt, ist nicht zu retten. Was heißt hier Liebe! Die gibt's allenfalls wieder ab siebzig, wenn ohnehin nichts mehr läuft.

Gabriele, die von jedermann Gabi genannt wurde, war zwar nicht hübsch, aber anmachend. Sie hatte was Mitreißendes und glaubte anfangs, mich aus dem Bummeltrott in eine mehr raumgreifende Gangart bringen zu können – »Wag dich doch mal an was gesellschaftlich Relevantes, etwas über die Nachrüstung und die Friedensbewegung« –, und ich zapfte mir auch einen entsprechenden Sermon ab: Mein Bericht über Mutlangen, Pershing-2-Raketen und Sitzblockaden hat sogar in halbwegs linken Kreisen Beachtung gefunden. Aber dann sackte ich wieder ab. Und irgendwann muß sie mich aufgegeben haben.

Doch nicht nur Gabi, auch Mutter hat in mir den typischen Versager gesehen. Gleich nach der Geburt unseres Sohnes und nachdem sie uns per Telegramm ihren Namenswunsch »Muß unbedingt Konrad heißen« diktiert hatte, schrieb sie ihrer Freundin Jenny einen ziemlich offenen Brief: »So ein Esel! Ist er dafür in den Westen rüber? Mich so zu enttäuschen. Soll das etwa alles sein, was er auf die Beine kriegt?«

Hat ja recht gehabt damit. Meine gut zehn Jahre jüngere Frau blieb zielstrebig, schaffte jedes Examen, wurde Gymnasiallehrerin und beamtet; ich blieb, was ich bin. Keine sieben Jahre dauerte der anstrengende Spaß, dann war zwischen Gabi und mir Schluß. Mir ließ sie die Kreuzberger Altbauwohnung mit Ofenheizung und den durch nichts zu bewegenden Berliner Mief, sie zog mit dem kleinen Konrad nach Westdeutschland, wo sie in Mölln Verwandtschaft hatte und bald in den Schuldienst übernommen wurde.

Ein hübsch am See gelegenes Städtchen, das sich, ruhig im Zonenrandgebiet gelegen, idyllisch gab. Großspurig nennt sich die landschaftlich gar nicht so üble Gegend »Herzogtum Lauenburg«. Altväterlich geht es dort zu. Mölln wird in Reiseführern als »Eulenspiegelstadt« erwähnt. Und weil Gabi dort ihre Kindheit verbracht hat, fühlte sie sich bald wie zu Hause.

Ich aber versackte mehr und mehr. Kam von Berlin nicht los. Hielt mich als Agenturschreiberling über Wasser. Brachte nebenbei Reportagen – »Was ist grün an der Grünen Woche?« und »Die Türken in Kreuzberg« – im »Evangelischen Sonntagsblatt« unter. Und sonst? Paar eher nervige Weibergeschichten und Strafzettel fürs Falschparken. Naja, ein Jahr nach Gabis Abgang: die Scheidung.

Meinen Sohn Konrad sah ich nur besuchsweise, also selten und unregelmäßig. Ein, wie ich fand, zu schnell gewachsener Junge mit Brille, der sich, nach Meinung seiner Mutter, schulisch gut entwickelte, als hochbegabt und überaus sensibel galt. Als dann aber in Berlin die Mauer fiel und bei Mustin kurz hinter Ratzeburg, dem Nachbarstädtchen von Mölln, die Grenze offenstand, soll Konny sofort meine Ehemalige bedrängt haben, mit ihm nach Schwerin zu fahren – was eine gute Autostunde bedeutete –, um dort seine Oma Tulla zu besuchen.

So hat er sie genannt. Nehme an, auf ihren Wunsch. Es ist nicht bei einem Besuch geblieben, leider, wie ich heute sage. Die beiden verstanden sich auf Anhieb. Schon damals als Zehnjähriger redete Konny ziemlich altklug daher. Bin sicher, daß Mutter ihn mit ihren Geschichten, die ja nicht nur auf dem Tischlereihof in Langfuhrs Elsenstraße spielten, vollgedröhnt hat. Alles, sogar ihre Abenteuer als Straßenbahnschaffnerin im letzten Kriegsjahr, hat sie ausgepackt. Wie ein Schwamm muß der Junge ihr Gerede aufgesogen haben. Natürlich hat sie ihn auch mit der Story vom ewigsinkenden Schiff abgefüttert. Ab dann war Konny oder »Konradchen«, wie Mutter sagte, ihre große Hoffnung.

Um diese Zeit kam sie oft nach Berlin. Mittlerweile in Rente, gab sie sich reiselustig in ihrem Trabi. Doch war Mutter nur unterwegs, um ihre Freundin Jenny zu besuchen; ich blieb Nebensache. War das ein Wiedersehen! Ob in Tante Jennys Puppenstube oder in meinem Kreuzberger Altbauloch, sie sprach nur über Konradchen und ihr Altersglück. Wie gut, daß sie sich nun mehr um ihn kümmern könne, seitdem man das volkseigene Großtischlerei-Kombinat abgewickelt habe, mit ihrer Hilfe übrigens. Sie helfe ja gerne, damit es vorangehe. Ihr Rat sei schon wieder gefragt. Und was ihren Enkelsohn betreffe, stecke sie voller Pläne.

Tante Jenny hatte für soviel überschüssige Energie nur ihr vereistes Lächeln übrig. Ich bekam zu hören: »Aus meinem Konradchen wird mal bestimmt was Großes. Nich son Versager wie du...«

»Stimmt«, habe ich gesagt, »aus mir ist nix Tolles geworden, wird auch nix mehr. Doch wie du siehst, Mutter, entwickle ich mich – wenn man das Entwicklung nennen darf – zum Kettenraucher.«

Wie dieser Jude Frankfurter, füge ich heute hinzu, der gleich mir ein Stäbchen am nächsten angezündet hat und über den ich jetzt schreiben muß, weil die Schüsse ihr Ziel gefunden haben, weil der Bau des in Hamburg auf Kiel gelegten Schiffes Fortschritte machte, weil im Schwarzen Meer ein Navigationsoffizier Marinesko auf einem in Küstennähe tauglichen U-Boot Dienst schob und weil am 9. Dezember sechsunddreißig vor dem Gericht des Schweizer Kantons Graubünden der Prozeß gegen den aus Jugoslawien stammenden Mörder des Reichsdeutschen Wilhelm Gustloff begann.

In Chur standen drei Bewacher in Zivil vor dem Tisch der Richter und der Bank des Angeklagten, der eingeengt zwischen zwei Polizisten saß. Sie hatten auf Anordnung der Kantonspolizei ständig das Publikum sowie die in- und ausländischen Journalisten im Blick: man befürchtete einen Anschlag, von welcher Seite auch immer.

Wegen des Andrangs aus dem Reich war es notwendig geworden, die Verhandlung vom Kantonsgericht in den Sitzungssaal des Kleinen Rates von Graubünden zu verlegen.

Ein betagter Herr mit weißem Spitzbart, der Anwalt Eugen Curti, hatte die Verteidigung übernommen. Als Nebenkläger wurde die Witwe des Ermordeten von dem bekannten Professor Friedrich Grimm vertreten, der bald nach Kriegsende mit seinem Standardwerk »Politische Justiz – die Krankheit unserer Zeit« Aufsehen erregt hat, weshalb ich nicht erstaunt war, im Internet eine Neuauflage des Buches, vertrieben von dem deutsch-kanadischen Rechtsextremisten Ernst Zündel, zu finden, doch soll diese Kampfschrift inzwischen vergriffen sein.

Ziemlich sicher bin ich dennoch, daß sich mein Schweriner Webmaster rechtzeitig ein Exemplar hat kommen lassen, denn seine Internet-Seiten waren gespickt mit Grimm-Zitaten und polemischen Antworten auf das – zugegeben – langatmige Plädoyer des Verteidigers Curti. Es war, als sollte der Prozeß noch einmal ablaufen, diesmal in einem virtuell überfüllten Welttheater.

Später haben meine Recherchen ergeben, daß sich mein Einzelkämpfer mit Hilfe des »Völkischen Beobachter« schlau gemacht hatte. So ist die eher beiläufige Meldung, Frau Hedwig Gustloff sei, als sie am zweiten Verhandlungstag den Gerichtssaal in Trauerschwarz betrat, von den anwesenden Reichsdeutschen, einigen Schweizer Sympathisanten und den aus dem Reich angereisten Journalisten mit stehend entbotenem Hitlergruß geehrt worden, dem »Kampfblatt der nationalsozialistischen Bewegung Großdeutschlands« abgekupfert worden. Der V.B. zeigte sich nicht nur während der vier historisch zu nennenden Verhandlungstage, sondern auch im Internet präsent; die übers Netz verbreiteten Zitate aus dem Brief des strengen Vaters an seinen verlorenen Sohn waren gleichfalls dem Kampfblatt entnommen, denn des Rabbis Brief – »Ich erwarte nichts mehr von Dir. Du schreibst nicht. Nun brauchst Du auch nicht mehr zu schreiben...« – wurde vor Gericht von der Anklage als Zeugnis der Herzlosigkeit des Angeklagten zitiert; ihm, dem Kettenraucher, wird während Verhandlungspausen die eine, die andere Zigarette erlaubt worden sein.

Während der U-Bootoffizier Marinesko entweder auf See war oder im Schwarzmeerhafen Sewastopol Landgang hatte und zu ahnen ist, daß er deshalb drei Tage lang sturzbetrunken gewesen sein wird, gewann der in Hamburg auf Kiel gelegte Neubau Gestalt – Niethämmer gaben Tag und Nacht den Ton an – und saß oder stand der Angeklagte David Frankfurter zwischen den beiden Kantonspolizisten. Beflissen war er geständig. So nahm er dem Prozeß die Spannung. Er hörte sitzend zu, sagte stehend: Ich beschloß, kaufte, übte, fuhr, wartete, fand, trat ein, saß, schoß fünfmal. Er sprach seine Eingeständnisse geradeheraus und nur manchmal stockend. Das Urteil nahm er hin, doch im Internet hieß es: »Jämmerlich weinend.«

Da im Kanton Graubünden die Todesstrafe nicht zugelassen war, forderte Professor Grimm unter Bedauern die Verhängung der Höchststrafe: Lebenslänglich. Bis zur Urteilsverkündung – achtzehn Jahre Zuchthaus, danach Landesverweis – las sich das alles online extrem parteiisch zugunsten des Blutzeugen, dann jedoch spaltete sich mein Webmaster von der Kameradschaft Schwerin. Oder hatte er plötzlich Gesellschaft bekommen? Drängte sich wiederum jener Quengler und Besserwisser auf, der schon einmal den Chatroom besetzt hatte? Jedenfalls begann ein streitbares Rollenspiel.

Der fortan immer wieder auflebende Disput wurde per Vornamen geführt, indem ein Wilhelm dem ermordeten

Landesgruppenleiter Stimme gab und sich ein David als verhinderter Selbstmörder in Szene setzte.

Es war, als spielte sich dieser Schlagabtausch im Jenseits ab. Dabei ging es irdisch gründlich zu. Beim Stelldichein von Mörder und Ermordetem wurden immer wieder die Tat und deren Motiv durchgekaut. Während der eine sich propagandistisch verbreitete, etwa kundtat, daß es im Reich zum Zeitpunkt des Prozesses 800 000 Arbeitslose weniger als im Vorjahr gegeben habe, und darüber in Begeisterung geriet: »Das alles ist einzig dem Führer zu verdanken«, zählte der andere klagend auf, wie viele jüdische Ärzte und Patienten aus Krankenhäusern und Kurorten vertrieben worden seien und daß das Naziregime schon am 1. April dreiunddreißig zum Judenboykott aufgerufen habe, woraufhin die Schaufenster jüdischer Geschäfte mit der Hetzparole »Juda verrecke!« gekennzeichnet worden seien. So ging es hin und her. Gab Wilhelm, um seine These von der notwendigen Reinerhaltung der arischen Rasse und des deutschen Blutes zu stützen, Führerzitate aus »Mein Kampf« ins Netz, antwortete David mit Auszügen aus »Die Moorsoldaten«, einem Bericht, den ein ehemaliger KZ-Häftling in einem Schweizer Verlag veröffentlicht hatte.

Bitterernst verlief der Streit, verbissen. Doch plötzlich lockerte sich der Ton. Im Chatroom wurde geplaudert. Fragte Wilhelm: »Sag mal, warum hast du fünfmal auf mich geschossen?«, gab David zurück: »Sorry, der erste Schuß war ein Versager. Nur vier Löcher gab's.« Darauf Wilhelm: »Stimmt. Wer aber hat dir den Revolver geliefert?« David: »Gekauft hab ich den Ballermann. Und zwar für zehn Schweizer Fränkli nur.« – »Ziemlich billig für ne Waffe, für die man bestimmt fünfzig Franken hätte hinblättern müssen.« – »Verstehe. Du willst damit sagen, jemand hat mir das Ding geschenkt. Oder?« – »Bin sogar sicher, daß du im Auftrag geschossen hast.« – »Na klar! Auf Geheiß des Weltjudentums.«

So lief ihr Internet-Dialog auch während der nächsten Tage. Kaum hatten sie sich gegenseitig fertiggemacht, ging es spaßig zu, als würden Freunde sich einen Jux machen. Bevor sie den Chatroom verließen, sagten sie: »Tschüß, du geklontes Nazischwein!« und »Mach's gut, Itzig!« Sobald aber jemand versuchte, sich als Surfer von den Balearen oder aus Oslo zwischen ihr Zwiegespräch zu drängen, mobten sie ihn raus: »Hau ab!« oder »Komm später!«

Beide waren offenbar Tischtennisspieler, denn sie zeigten sich von dem deutschen Pingpong-As Jörg Roßkopf begeistert, der, sagte David, sogar einen chinesischen Meister geschlagen habe. Beide beteuerten, für Fairplay zu sein. Und beide bewiesen sich als Bescheidwisser, die ihre jeweils neuen Erkenntnisse wechselseitig lobten: »Toll! Wo hast du dieses Gregor-Strasser-Zitat her?« oder »Hab ich nicht gewußt, David, daß Hildebrandt wegen linker Abweichung vom Führer abserviert, dann aber auf Wunsch der braven Mecklenburger wieder als Gauleiter eingesetzt worden ist.«

Man hätte sie für Freunde halten können, sosehr sie bemüht blieben, ihren wechselseitigen Haß wie ein Soll abzuarbeiten. Wilhelms in den Chatroom gestellte Frage »Würdest du, wenn mich der Führer ins Leben zurückriefe, abermals auf mich schießen?«, beantwortete David umgehend: »Nein, nächstes Mal darfst du mich abknallen.«

Mir dämmerte etwas. Und schon verabschiedete ich mich von der Vorstellung, es sei ein einziger Webmaster geschickt im geisterhaften Rollenspiel. Zwei Spaßvögeln saß ich auf, die es blutig ernst meinten.

Später, als alle, die in der Sache drinsteckten, sich ahnungslos gaben und auf entsetzt machten, habe ich zu Mutter gesagt: »Mir kam das von Anfang an komisch vor. Wieso, hab ich mich gefragt, sind heutzutage Jugendliche ganz verrückt nach diesem Gustloff und all dem, was sonst noch mit ihm zu tun hat? Denn daß das keine alten Knacker waren, die sich online die Zeit vertrieben, na, Ewiggestrige wie du, war mir von Anfang an klar...«

Mutter hat darauf nichts gesagt. Sie machte wie immer, wenn ihr etwas zu nahe kam, ihr Binnichtzuhausegesicht, das heißt, sie verdrehte die Augäpfel bis zum Gehtnichtmehr. Ohnehin stand für sie fest, daß sowas nur passieren konnte, weil man jahrzehntelang »ieber die *Justloff* nich reden jedurft hat. Bai ons im Osten sowieso nich. Ond bai dir im Westen ham se, wenn ieberhaupt von frieher, denn immerzu nur von andre schlimme Sachen, von Auschwitz und sowas jeredet. Main Gottchen! Was ham die sich aufjeregt bai ons im Parteikollektiv, als ech mal kurz was Positives ieber Kaadeäffschiffe jesagt hab, daß nämlich die *Justloff* ein klassenloses Schiff jewesen is...«

Und sogleich hatte sie wieder Mama und Papa am Wickel, unterwegs nach Norwegen: »Maine Mama hat sich janich ainkriegen jekonnt, weil nämlich im Spaisesaal alle Urlauber durchainander jesessen ham, ainfache Arbaiter wie main Papa, aber och Beamte ond Parteibonzen sogar. Muß fast wie bai ons inne Deedeär jewesen sain, nur scheener noch...«

Das mit dem klassenlosen Schiff war wirklich ein Knüller. Nehme an, daß deshalb die Werftarbeiter wie verrückt gejubelt haben, als am 5. Mai siebenunddreißig der Neubau, acht Stockwerke hoch, vom Stapel lief. Noch fehlten der

Schornstein, das Brücken- und das Peildeck. Ganz Hamburg war auf den Beinen, zigtausend. Aber zur Schiffstaufe standen nah dran nur zehntausend Volksgenossen, eingeladen von Ley persönlich.

Hitlers Sonderzug lief um zehn Uhr vormittags im Dammtorbahnhof ein. Dann ging's im offenen Mercedes, mal mit gestrecktem, mal mit gewinkeltem Arm grüßend, durch Hamburgs Straßen, umjubelt, versteht sich. Von den Landungsbrücken brachte ihn eine Barkasse zur Werft. Alle im Hafen liegenden Schiffe, auch die ausländischen, hatten Fahnen gesetzt. Und die gesamte, aus Charterschiffen bestehende KdF-Flotte, von der *Sierra Cordoba* bis zur *St. Louis*, lag über die Toppen geflaggt vor Anker.

Ich will jetzt nicht aufzählen, was alles in Kolonnen aufmarschiert war, wer zur Begrüßung mit den Hacken geknallt hat. Unterhalb der Taufkanzel drängten grüßend die Werftarbeiter, als er treppauf stieg. Bei der letzten freien Wahl, vor vier Jahren noch, hatten die meisten von ihnen für die Sozis oder Kommunisten gestimmt. Jetzt gab es nur noch die eine und einzige Partei; und leibhaftig gab es den Führer.

Erst auf der Taufkanzel begegnete er der Witwe. Er kannte Hedwig Gustloff aus frühester Kampfzeit. Bevor dreiundzwanzig der Marsch zur Feldherrnhalle in München blutig danebenging, war sie seine Sekretärin gewesen. Später, als er in Landsberger Festungshaft saß, hatte sie in der Schweiz Arbeit gesucht und ihren Ehemann gefunden.

Wer sonst noch auf die Kanzel durfte? Der Betriebsführer der Werft, Staatsrat Blohm, und der Betriebszellenobmann Pauly. Natürlich stand Robert Ley ihm zur Seite. Aber auch andere Parteigrößen. Hamburgs Gauleiter Kaufmann, Schwerin-Mecklenburgs Hildebrandt durften dabeisein. Die Kriegsmarine war durch Admiral Raeder vertreten. Und von Davos aus hatte der Ortsgruppenleiter der NSDAP, Böhme, die lange Reise nicht gescheut.

Es wurden Reden gehalten. Er hielt sich diesmal zurück. Nach Kaufmann sprach der Betriebsführer der Werft Blohm & Voss: »Ihnen, mein Führer, melde ich im Namen der Werft: Das Urlaubsschiff, Baunummer 511, fertig zum Stapellauf!«

Alles andere gestrichen. Vielleicht aber sollte ich einige Rosinen aus Robert Leys Taufrede picken. Die frischfreie Anrede hieß: »Deutsche Menschen!« Und dann hat er weitausholend seine volksbetreuende Idee »Kraft durch Freude« gefeiert, um schließlich deren Anstifter zu nennen: »Der Führer gab mir damals den Befehl: ›Sorgen Sie dafür, daß der deutsche Arbeiter seinen Urlaub bekommt, damit er seine Nerven behält, denn ich könnte tun und lassen, was ich wollte, es wäre zwecklos, wenn das deutsche Volk seine Nerven nicht in Ordnung hätte. Es kommt darauf an, daß die deutschen Massen, der deutsche Arbeiter stark genug sind, um meine Gedanken zu begreifen.‹«

Als die Witwe wenig später die Taufe mit den Worten »Ich taufe dich auf den Namen Wilhelm Gustloff« vollzog, übertönte der Jubel der nervenstarken Masse das Klirren der Sektflasche am Bug des Schiffes. Beide Lieder wurden gesungen, während sich der Neubau von der Helling löste... Mir aber, dem Überlebenden der *Gustloff*, schiebt sich bei jedem Stapellauf, bei dem ich als Journalist zur Stelle sein muß oder den ich im Fernsehen erlebe, der Untergang des bei schönstem Maiwetter getauften und vom Stapel gelaufenen Schiffes ins Bild.

Etwa um diese Zeit, als David Frankfurter schon im Churer Sennhof-Gefängnis einsaß und in Hamburg die Sektflasche in Scherben ging, befand sich Alexander Marinesko entweder in Leningrad oder Kronstadt auf Kommandeurkurs. Jedenfalls war er, laut Befehl, vom Schwarzen Meer an den östlichen Rand der Ostsee verlegt worden. Schon im Sommer, und während die von Stalin angeordneten Säuberungsprozesse die Admiralität der Baltischen Flotte nicht verschonten, wurde er Kommandant eines U-Bootes.

M96 gehörte zu einer älteren Bootsklasse, war für Fahrten und Kampfeinsätze in Küstengewässern geeignet. Ich lese den mir zugänglichen Infos ab, daß *M96* mit zweihundertfünfzig Tonnen Wasserverdrängung und fünfundvierzig Meter Länge ein eher kleines Boot mit achtzehn Mann Besatzung an Bord war. Lange blieb Marinesko Kommandant dieser bis in den Finnischen Meerbusen hinein operierenden, mit nur zwei Torpedorohren bestückten Schiffseinheit. Ich nehme an, daß er in Küstennähe immer wieder den Überwasserangriff und danach das schnelle Abtauchen geübt hat.

3

Während der Innenraum vom untersten, dem E-Deck bis
zum Sonnendeck, dem Schornstein, der Kommandobrücke
und der Funkstation ausgebaut wurde und entlang der baltischen Küste Tauchübungen stattfanden, vergingen in Chur
elf Monate Haftzeit; erst dann konnte das Schiff vom Aus-
rüstungskai ablegen und elbabwärts zur Probefahrt in die
Nordsee auslaufen. Also warte ich, bis nach dem gegenwärtigen Sekundenschwund wieder die Erzählzeit abgespult werden kann. Oder soll ich inzwischen mit jemandem, dessen
Nörgeln nicht zu überhören ist, einen Streit riskieren?

Er verlangt deutliche Erinnerungen. Er will wissen, wie
ich Mutter als Kind etwa ab meinem dritten Lebensjahr gesehen, gerochen, betastet habe. Er sagt: »Die ersten Eindrücke
sind für das weitere Leben bestimmend.« Ich sage: »Da gibt's
nichts zu erinnern. Als ich drei war, hatte sie gerade ihre
Tischlerlehre abgeschlossen. Na schön, Hobelspäne und
Holzklötze, die sie mir aus der Werkstatt mitbrachte, hab ich
langgelockt und getürmt einstürzend vor Augen. Ich spielte
mit Spänen und Klötzen. Und sonst? Mutter roch nach Knochenleim. Überall wo sie gestanden, gesessen, gelegen hatte
– o Gott, ihr Bett! –, hielt sich dieser Geruch. Ich aber wurde,
weil es noch keine Krippe gab, zuerst bei einer Nachbarin,
dann in einem Kindergarten abgestellt. So lief das nun mal
bei berufstätigen Müttern überall im Arbeiter-und-Bauern-
Staat, nicht nur in Schwerin. Kann mich an dicke und dürre

Weiber erinnern, die uns rumkommandierten, auch an Griesbrei, in dem der Löffel stand.«

Doch Erinnerungsbrocken wie diese machen den Alten kaum satt. Er läßt nicht locker: »Zu meiner Zeit hatte die etwa zehnjährige Tulla Pokriefke ein Punktkommastrichgesicht; wie aber sah sie als junge Frau und Tischlergesellin aus, etwa ab dem Jahr fünfzig, als sie dreiundzwanzig gewesen ist? Trug sie Schminke auf? Sah man sie mit Kopftuch oder muttihaft unterm Topfhut? Fielen ihre Haare glatt, oder ließ sie sich Dauerwellen legen? Lief sie am Wochenende womöglich mit Lockenwicklern herum?«

Ich weiß nicht, ob ihn meine Auskünfte ruhigstellen können; mein Bild von Mutter, als sie noch jung war, ist gestochen scharf und getrübt zugleich. Kenne sie nur weißhaarig. Von Anbeginn war sie weißhaarig. Nicht silbrig weiß. Einfach nur weiß. Wer Mutter danach fragte, bekam zu hören: »Das is bai de Jeburt von maim Sohn passiert. Ond zwar auffem Torpedoboot, was ons jerettet hat...« Und wer bereit war, sich mehr anzuhören, erfuhr, sie sei ab dann und so auch in Kolberg, als die Überlebenden, Mutter mit Säugling, das Torpedoboot *Löwe* verließen, schlohweiß gewesen. Damals habe sie die Haare halblang getragen. Aber früher, als sie noch nicht »wie auf Kommando von heechste Stelle« weiß geworden war, sei ihr Haar von Natur aus annähernd blond, bißchen rötlich bis auf die Schultern gefallen.

Auf weitere Fragen – er läßt nicht nach – versicherte ich meinem Arbeitgeber, daß es von Mutter nur wenige Fotos aus den fünfziger Jahren gibt. Auf einem sieht man, wie sie ihr weißes Haar kurzgeschnitten, auf Streichholzlänge getragen hat. Knisterte, wenn ich drüberstrich, was sie mir manchmal erlaubte. Und so läuft sie noch heute als alte Frau rum. Grad mal siebzehn war sie, als sie auf einen Schlag weiß wurde. »Ach was! Niemals hat Mutter ihr Haar gefärbt oder färben lassen. Keiner ihrer Genossen hat sie jemals blauschwarz oder tizianrot erlebt.«

»Und sonst? Was gibt es sonst an Erinnerung? Zum Beispiel Männer? Gab es da welche?« Gemeint sind solche, die über Nacht blieben. Denn Tulla Pokriefke ist als Halbwüchsige nach Männern verrückt gewesen. Ob in Brösens Badeanstalt oder als Straßenbahnschaffnerin, die zwischen Danzig, Langfuhr und Oliva Dienst schob, immer waren Jungs um sie rum, aber auch richtige Männer, Fronturlauber zum Beispiel. »Hat sich ihr Männertick später, als sie eine weißhaarige Frau war, gegeben?«

Was der Alte sich denkt. Glaubt womöglich, Mutter habe, nur weil der Schock ihr Haar gebleicht hatte, wie eine Nonne gelebt. Männer gab's mehr als genug. Aber die blieben nicht lange. Einer war Maurerpolier und ganz nett. Der brachte mit, was es nur knapp auf Marken gab: Leberwurst zum Beispiel. Da war ich schon zehn, als er bei uns im Hinterhof, Lehmstraße 7, in der Küche saß und mit den Hosenträgern geschnalzt hat. Hieß Jochen und wollte mich unbedingt auf seinen Knien reiten lassen. Mutter nannte ihn »Jochen zwo«, weil sie als Halbwüchsige einen Oberschüler gekannt hatte, der Joachim hieß, aber Jochen gerufen wurde. »Der wollt aber nuscht von miä. Nich mal anjefaßt hat er…«

Irgendwann wird Mutter Jochen zwei rausgeschmissen haben, weiß nicht, warum. Und als ich dreizehn war etwa, kam nach Dienstschluß und manchmal auch sonntags einer von der Volkspolizei. War Unterleutnant und Sachse, aus Pirna glaube ich. Der brachte Westzahnpasta, Colgate, mit und sonst noch beschlagnahmtes Zeug. Hieß übrigens auch Jochen, weshalb Mutter gesagt hat: »Morjen kommt Nummer drai. Bist bißchen nett zu ihm, wenner kommt…«

Jochen drei wurde vor die Tür gesetzt, weil er sie, wie Mutter sagte, »auf Daibel komm raus ehelichen jewollt« hat.

Sie war nicht für Heirat. »Du raichst miä grade«, hat sie gesagt, als ich, mit etwa fünfzehn, die Nase voll hatte von allem. Nicht von der Schule. Da war ich, außer in Russisch, ganz gut. Aber vom FDJ-Gehampel, den Ernteeinsätzen, Aktionswochen, dem ewigen Bauaufgesinge, auch von Mutter hatte ich genug. Konnte das nicht mehr mitanhören, wenn sie mir, meistens sonntags, ihre *Gustloff*-Geschichten zu Klopsen und Stampfkartoffeln auftischte: »Kam alles ins Rutschen. Kann man nich vergässen, sowas. Das heert nie auf. Da träum ech nich nur von, wie, als Schluß war, ain ainziger Schrei ieberm Wasser losjing. Ond all die Kinderchen zwischen die Eisschollen...«

Manchmal hat Mutter, wenn sie nach dem Sonntagsessen mit ihrem Pott Kaffee am Küchentisch saß, nur »War aijentlich ain scheenes Schiff« gesagt, danach kein Wort mehr. Aber ihr Binnichtzuhauseblick sagte genug.

Das mag stimmen. Die *Wilhelm Gustloff* soll, als sie ganz in Weiß endlich fertiggestellt auf Jungfernfahrt ging, vom Bug bis zum Heck ein schwimmendes Erlebnis gewesen sein. Das war selbst von Leuten zu hören, die sich nach dem Krieg als von Anfang an überzeugte Antifaschisten aufgespielt haben. Und diejenigen, die an Bord durften, sollen hinterher wie erleuchtet an Land gegangen sein.

Schon zur zweitägigen Probefahrt, bei allerdings stürmischem Wetter, hatte man Arbeiter und Angestellte von Blohm & Voss eingeschifft, außerdem Verkäuferinnen der Konsumgenossenschaft Hamburg. Doch als die *Gustloff* am 24. März achtunddreißig für drei Tage in See stach, zählten zu den Passagieren rund tausend Österreicher, die von der

Partei gesiebt worden waren, denn zwei Wochen später sollte das Volk der Ostmark über etwas abstimmen, was die Wehrmacht durch zügigen Einmarsch bereits vollzogen hatte: den Anschluß Österreichs. Gleichfalls kamen dreihundert Mädchen aus Hamburg – ausgewählte Mitglieder des BdM – und weit über hundert Journalisten an Bord.

Nur spaßeshalber und um mich auszuprobieren, versuche ich jetzt, mir vorzustellen, wie meine Wenigkeit als Journalist reagiert hätte, als gleich zu Beginn der Reise ein Presseempfang im Fest- und Kinosaal des Schiffes auf dem Programm stand. Zwar bin ich, wie Mutter sagt und Gabi weiß, alles andere als ein Held, aber vielleicht wäre ich doch so vorwitzig gewesen, nach der Finanzierung des Neubaus und dem Vermögen der Deutschen Arbeitsfront zu fragen, denn wie die anderen Journalisten hätte ich wissen können, daß Ley, dieser Vielversprecher, nur mit Hilfe der abgeräumten Guthaben aller verbotenen Gewerkschaften solch große Sprünge machen konnte.

Verspätete Mutproben! Wie ich mich kenne, wäre mir allenfalls eine verklausulierte Frage nach dem restlichen Kapital über die Lippen gekommen, worauf mir der durch nichts zu beirrende KdF-Reiseleiter prompt geantwortet hätte: Die Deutsche Arbeitsfront schwimme, wie man ja sehe, im Geld. Schon in wenigen Tagen werde bei der Howaldt-Werft sogar ein riesiges Elektromotorschiff vom Stapel laufen und, wie man jetzt schon vermuten dürfe, auf den Namen Robert Ley getauft werden.

Dann begann für die bestellte Journalistenhorde die Schiffsbesichtigung. Weitere Fragen wurden verschluckt. Auch ich, der während realer Berufstätigkeit keinen Skandal aufgedeckt, nie eine Leiche im Keller, weder Mauscheleien mit Spendengeldern noch geschmierte Minister ausfindig gemacht hat, hätte als zurückdatierter Journalist wie alle anderen das Maul gehalten. Nur pflichtschuldig staunen durften wir von Deck zu Deck. Bis auf die Extrakabinen für Hitler, für Ley, die nicht zur Besichtigung freigegeben wurden, war das Schiff säuberlich klassenlos eingerichtet. Wenngleich ich alle Details nur von Fotos her und aus überliefertem Material kenne, kommt es mir dennoch vor, als sei ich begeistert und zugleich schwitzend vor Feigheit dabeigewesen.

Ich sah das geräumige, von lästigen Aufbauten freie Sonnendeck, sah Duschkabinen und sanitäre Einrichtungen. Ich sah und notierte beflissen. Später konnten wir uns im Unteren Promenadendeck an makellosen Schleiflackwänden und in den Gesellschaftsräumen an der Nußbaumtäfelung erfreuen. Staunend sahen wir die Festhalle, den Trachtensaal, die Deutschland- und die Musikhalle. In allen Sälen hingen Bilder des Führers, der über uns weg ernst, aber entschlossen in die Zukunft sah. In einigen Sälen durfte in kleinerem Format Robert Ley Blickfang sein. Doch überwiegend bestand der Bildschmuck aus altmeisterlich in Öl gemalten Landschaften. Wir fragten nach den Namen der zeitgenössischen Künstler und machten Notizen.

Als zwischendurch zu einem frisch gezapften Bier eingeladen wurde, lernte ich das dekadente Wort »Bar« zu vermeiden und schrieb später nach altdeutscher Wortwahl über die »sieben gemütlichen Schänken« an Bord des KdF-Schiffes.

Danach wurden wir mit Zahlen eingedeckt. Nur soviel: Im Küchenbereich des A-Decks konnten mit Hilfe einer hypermodernen Tellerwaschanlage tagtäglich 35 000 schmutzige Teller blitzblank werden. Wir erfuhren, daß auf jeder Seereise 3 400 Tonnen Trinkwasser vorrätig seien, denen ein Hochtank im Inneren des einzigen Schornsteins als Wasserwerk diene. Als wir das E-Deck besichtigten, wo die Ham-

burger BdM-Mädel die, wie es hieß, »schwimmende Jugendherberge« mit ihren Kojen bezogen hatten, sahen wir die im
gleichen Deck liegende Schwimmhalle, deren Becken sechzig Tonnen Wasser faßte. Und weiteres Zahlenmaterial, das
ich nicht mehr notierte. Einige von uns waren froh, daß
ihnen die Anzahl der Kacheln und Einzelteile eines farbigen
Glasmosaiks, das von fischleibigen Jungfrauen und fabelhaf-
tem Seegetier bevölkert war, erspart wurde.

Nur weil ich seit meiner von Mutter bestimmten Kindheit
weiß, daß der zweite Torpedo das Bad und dessen Kacheln
und Mosaikscherben in Geschosse verwandelt hat, könnte
mir angesichts des Schwimmbeckens, in dem sich ein flei-
schiger Schwarm Jungmädel vergnügte, doch noch die
Frage eingefallen sein, wie tief das Bad unterhalb der Wasserlinie liege. Und auf dem Oberdeck wären mir vielleicht
die zweiundzwanzig Rettungsboote nicht ausreichend vor-
gekommen. Aber ich bohrte nicht nach, beschwor keinen
Katastrophenfall, sah nicht voraus, was sieben Jahre später
in eisiger Kriegsnacht geschah, als nicht, wie in Friedenszeiten vorgesehen, knapp fünfzehnhundert unbeschwert von
Alltagssorgen an Bord waren, sondern an die zehntausend
Seelen ihr mögliches Ende ahnten und in nur zu schätzender
Zahl erlebten; vielmehr flötete ich, sei es als Journalist des
»Völkischen Beobachter«, sei es als Korrespondent der gedie-
genen »Frankfurter Zeitung«, in höchsten oder sachlich ge-
dämpften Tönen eine Hymne auf die schmucken Rettungsboote des Schiffes, als wären sie eine freundliche Zugabe der
Organisation »Kraft durch Freude« gewesen.

Wenig später jedoch mußte eines der Boote zu Wasser
gelassen werden. Bald darauf noch eines. Und das geschah
nicht übungshalber.

Bei ihrer zweiten Fahrt, diesmal zur Straße von Dover hin, geriet die *Gustloff* in einen Nordweststurm und empfing, während sie mit voller Kraft gegen schwere See anging, den SOS-Ruf des englischen Kohlendampfers *Pegaway*, dessen Ladeluke zerschlagen war, das Ruder gebrochen. Sogleich befahl Kapitän Lübbe, der zu Beginn der nächsten KdF-Reise, die die Insel Madeira zum Ziel hatte, an Herzschlag starb, Kurs auf die Unglücksstelle zu nehmen. Bei Dunkelheit wurde zwei Stunden später die bereits tiefliegende *Pegaway* mit dem Suchscheinwerfer entdeckt. Erst am frühen Morgen gelang es, trotz des zunehmenden Nordweststurms eines der zweiundzwanzig Rettungsboote zu Wasser zu lassen, das aber von einer Kreuzsee gegen die Bordwand des Schiffes geworfen wurde, worauf es schwer beschädigt abtrieb. Sofort ließ Kapitän Lübbe eine Motorbarkasse aussetzen, der es nach mehreren Anläufen gelang, neunzehn Seeleute zu übernehmen und bei inzwischen wieder abflauendem Sturm in Sicherheit zu bringen. Schließlich konnte auch das abgetriebene Ruderboot gesichtet und dessen Besatzung geborgen werden.

Darüber ist geschrieben worden. In- und ausländische Zeitungen lobten die Rettungstat. Aber ausführlich und aus zeitlicher Distanz tat das allein Heinz Schön. Er hat, wie ich es jetzt tue, den Wust der Zeitungsberichte von damals ausgewertet. Sein Werdegang ist wie meiner auf das Unglücksschiff fixiert. Knapp ein Jahr vor Kriegsende kam er als Zahlmeisterassistent auf die *Gustloff*. Eigentlich hatte Heinz Schön nach erfolgreichem Aufstieg in der Marine-Hitlerjugend zur Kriegsmarine gewollt, doch mußte er, seiner schwachen Augen wegen, bei der Handelsmarine anmustern. Da er den Untergang des KdF-Passagier-, dann Lazarett-, darauf Kasernen- und schließlich Flüchtlingstransportschiffes überlebte, begann er nach dem Krieg alles zu sammeln und aufzuschreiben, was die *Gustloff* in guten und schlechten Zeiten betraf. Er kannte nur dieses eine Thema; oder es hatte einzig dieses Thema von ihm Besitz ergriffen.

Bin deshalb sicher: Mutter hätte von Anfang an ihre Freude an Heinz Schön gehabt. Doch in der DDR waren seine Bücher, die im Westen einen Verleger fanden, unerwünscht. Wer seine Berichte gelesen hatte, blieb stumm. Ob hier oder drüben, Schöns Auskünfte waren nicht gefragt. Selbst als mit Hilfe seiner beratenden Assistenz gegen Ende der fünfziger Jahre ein Film – »Nacht fiel über Gotenhafen« – gedreht wurde, blieb das Echo mäßig. Zwar gab's vor gar nicht so langer Zeit im Fernsehen eine Dokumentation, doch ist es immer noch so, als könne nichts die *Titanic* übertreffen, als hätte es das Schiff *Wilhelm Gustloff* nie gegeben, als fände sich kein Platz für ein weiteres Unglück, als dürfte nur jener und nicht dieser Toten gedacht werden.

Aber auch ich blieb stumm, hielt zurück, sparte mich aus, mußte unter Druck gesetzt werden. Und wenn ich mich nun, als gleichfalls Überlebender, Heinz Schön ein wenig nahe fühle, dann nur, weil ich von seiner Besessenheit profitieren kann. Alles hat er aufgelistet: die Anzahl der Kabinen, die Unmengen Reiseproviant, die Größe des Sonnendecks in Quadratmetern, die Zahl der kompletten und der am Ende fehlenden Rettungsboote und schließlich – von Buchauflage zu Buchauflage steigend – die Zahl der Toten und Überlebenden. Lange blieb sein Sammlerfleiß im Schatten, doch nun wird Heinz Schön, der ein Jahr älter als Mutter ist und den ich mir, zu meiner Entlastung, als Wunschvater vorstellen könnte, immer häufiger im Internet zitiert.

Dort ging es neulich um einen Schmachtfetzen kolossaler Spielart, den in Hollywood frisch abgedrehten *Titanic*-Untergang, der bald darauf als größte Schiffskatastrophe aller Zeiten vermarktet wurde. Diesem Unsinn standen Heinz Schöns nüchtern zitierte Zahlen entgegen. Natürlich mit Echo, denn seitdem die *Gustloff* im Cyberspace schwimmt und virtuelle Wellen macht, bleibt die rechte Szene mit Haßseiten online. Dort ist die Jagd auf Juden eröffnet. Als wäre der Mord von Davos gestern geschehen, fordern Rechtsradikale auf ihrer Website »Rache für Wilhelm Gustloff!« Die schärfsten Töne – »Zündelsite« – kommen aus Amerika und Kanada. Aber auch im deutschsprachigen Internet mehren sich Homepages, die im World Wide Web unter Adressen wie »Nationaler Widerstand« und »Thulenet« ihrem Haß Auslauf geben.

Mit als erste war, wenn auch weniger radikal, »www.blut zeuge.de« online. Sie hat mit der Entdeckung eines Schiffes, das nicht nur gesunken, sondern, weil verdrängt, Legende ist, Zulauf von tausend und immer mehr Usern bekommen. So hat mein Einzelkämpfer, der sich inzwischen einen als »David« firmierenden Gegner und Sportsfreund zugelegt hatte, mit kindlich anmutendem Stolz aller im Netz verbundenen Welt die Rettung englischer Schiffbrüchiger durch die *Gustloff* kundgetan. Als seien bestimmte Zeitungsartikel gestern noch druckfrisch gewesen, zitierte er lobende Worte der britischen Presse für die deutsche Rettungstat wie eine Neuigkeit. Dann wollte er von seinem Gegenspieler wissen, ob wohl der in Chur einsitzende Mordjude Frankfurter von der heldenhaften Rettungstat gehört habe. Und David gab zurück: »Im Sennhof-Gefängnis hockte man tagtäglich vor klappernden Webstühlen und fand wenig Zeit für Zeitungslektüre.«

Eigentlich hätte jetzt für David wissenswert sein müssen, ob ein in baltischen Küstengewässern kreuzender U-Boot-offizier namens Marinesko Kenntnis gehabt habe von der Rettung der *Pegaway*-Schiffbrüchigen durch Seeleute der *Gustloff* und ob ihm so zum ersten Mal der Name des ihm vor-bestimmten Zielobjektes buchstabierbar geworden sei. Aber diese Frage kam nicht. Vielmehr feierte der Webmaster Wilhelm den wenig später datierten Einsatz des KdF-Schiffes vor der englischen Küste als »schwimmendes Wahllokal« wiederum mit solch gegenwärtiger Begeisterung, als wäre dieser Propagandatrick erst neuerdings und nicht vor knapp sechzig Jahren wirkungsvoll gewesen.

Es ging um die Volksabstimmung nach dem bereits voll-zogenen Anschluß Österreichs ans nunmehr Großdeutsche Reich. Den in England lebenden Deutschen und Österrei-chern sollte Gelegenheit zur Stimmabgabe geboten werden. Über die Landebrücken von Tilbury gingen die Wähler an Bord, und außerhalb der Dreimeilenzone wurde gewählt. Dazu fiel dem Duett Wilhelm und David ein Streitgespräch ein. Wie beim Tischtennis: spielerisch ging es um den Ver-lauf der Wahl. Wilhelm bestand darauf, daß der geheime Vorgang durch aufgestellte Wahlkabinen gesichert gewesen sei; David spottete, weil man unter den annähernd zweitau-send Wahlberechtigten nur ganze vier gezählt habe, die ge-gen den Anschluß gestimmt hätten: »Das kennt man doch, diese Neunundneunzigkommaneunergebnisse!« Indem er den »Daily Telegraph« vom 12. April achtunddreißig zitierte, hielt Wilhelm dagegen: »Kein Zwang wurde ausgeübt! Und das, mein lieber David, haben Engländer geschrieben, die uns Deutsche sonst runtermachen, wo sie nur können...«

Mich amüsierte das absurde Chatroom-Geplänkel. Dann aber roch mir ein Einwurf Wilhelms ziemlich verdächtig.

Das kannte ich doch! Er hatte sich, um Davids Spott zu entkräften, zu der Behauptung verstiegen: »Deine so hoch gepriesenen demokratischen Wahlen werden eindeutig von den Interessen der Plutokraten, vom Weltjudentum bestimmt. Alles nur Schwindel!«

Ähnliches hatte mir kürzlich mein Sohn geboten. Ich sah Konny besuchsweise, und als ich, um mit ihm ins Gespräch zu kommen, väterlich beiläufig meinen Bericht über die bevorstehenden Landtagswahlen in Schleswig-Holstein erwähnte, bekam ich zu hören: »Ist doch Schwindel alles. Ob in der Wall Street oder hier: überall herrscht die Plutokratie, regiert das Geld!«

Nach der ersten Madeira-Reise, bei der Kapitän Lübbe starb und ab Lissabon für den Rest der Fahrt Kapitän Petersen das Kommando übernahm, begannen, nun unter Kapitän Heinrich Bertram, die sommerlichen Norwegenreisen. Insgesamt waren es elf, die jeweils fünf Tage dauerten und – weil besonders beliebt – schnell ausgebucht waren. Auch im folgenden Jahr gehörten sie zum KdF-Programm. Und bei einer dieser letzten Schiffstouren in die Fjorde hinein – ich nehme an, es war die vorletzte, Mitte August –, sind Mutters Eltern an Bord gewesen.

Eigentlich hatte sich die Langfuhrer Kreisleitung der Partei als Norwegenreisende den Tischlermeister Liebenau und dessen Frau ausgeguckt, weil dem Meister ein Schäferhund namens Harras gehörte, dem es gelungen war, im Zwinger der freistaatlichen Schutzpolizei eine Hündin zu decken, aus deren Wurf des Führers Lieblingshund Prinz, ein Geschenk der Gauleitung, hervorging, weshalb die Zuchträude Harras mehrmals im »Danziger Vorposten« erwähnt wurde. Dieses Märchen hat mir Mutter von Kindheit an vorgesungen: ihre

Hundegeschichte samt Stammbaum von der Länge eines Romans. Immer wenn es um den Hund ging, ging es auch um das Kind Tulla. Zum Beispiel will Mutter sich, als sie sieben war und ihr Bruder Konrad beim Baden in der Ostsee ertrank, eine Woche lang in die Hütte des Tischlereihundes verkrochen haben. Kein Wort sei von ihr während Tagen zu hören gewesen. »Sogar aus sain Blechnapf hab ech jefressen. Kaldaunen! Na, was son Hund kriegt. Das war denn maine Hundehittenwoche, wo ech kain Wort nich jesagt hab, so weh hat mir das jetan mit onserm Konrad. Der is von Jeburt an taubstumm jewesen...«

Doch als dem Hundehalter Liebenau, dessen Sohn Harry Mutters Cousin gewesen ist, die Norwegenreise auf dem allseits beliebten KdF-Schiff angeboten wurde, verzichtete er unter Bedauern, weil seine Tischlerei Hochkonjunktur hatte: Barackenausbau in Flughafennähe. Er schlug dem Kreisleiter der Partei vor, seinen tüchtigen Hilfsarbeiter, den eifrigen Parteigenossen August Pokriefke, und dessen Frau Erna reisen zu lassen. Die Kosten für die Kabinenplätze und die ohnehin verbilligten Fahrkarten nach Hamburg, hin und zurück, werde er aus der Betriebskasse begleichen.

»Wenns die Fotos noch jäb, die auffe *Justloff* jeknipst wurden, kennt ech diä zaigen, was die alles jesehn ham in die paar Tage nur...« Besonders soll Tullas Mutter vom Trachtensaal, dem Wintergarten, dem morgendlichen Gemeinschaftssingen und der am Abend aufspielenden Bordkapelle geschwärmt haben. Leider sei in keinem der Fjorde Landgang erlaubt gewesen, womöglich der im Reich streng bewirtschafteten Devisen wegen. Aber auf einem der Fotos, das wie all die anderen Schnappschüsse mitsamt dem Album verlorengegangen sei, »als es mittem Schiff zu End jing«, habe man August Pokriefke zwischen einer norwegischen

Trachtengruppe, die auf Besuch hätte an Bord kommen dürfen, lachen und tanzen sehen. »Main Papa, der em Prinzip ain janz Lustiger jewesen is, war, als er von Norwejen zurickkam, bejeistert von frieh bis spät. Der war nu ain Hundertfuffzigprozentijer. Ond deswegen wollt er, daß ech bai de Jungmädels mecht Mitglied werden. Aber ech wollt nich. Och später nich, als wir ins Raich heimjeholt wurden ond alle Mädels im Bädeem rainjemußt ham...«

Wird wohl stimmen, was Mutter behauptet hat. Sie ließ sich nicht organisieren. War alles immer nur freiwillig. Doch selbst als SED-Mitglied und ziemlich erfolgreiche Leiterin einer Tischlereibrigade, die tonnenweise Schlafzimmermöbel für die Russen produziert hat und auch später beim Innenausbau des Plattenprojekts Großer Dreesch zumeist überm Soll lag, hat sie sich Schwierigkeiten eingehandelt, weil sie sich überall von Revisionisten und ähnlichen Klassenfeinden umstellt sah. Aber daß ich aus freien Stücken Mitglied der FDJ geworden war, paßte ihr auch nicht: »Raicht das nich, wenn ech miä hier fier die Schufte abrackern muß!«

Mein Sohn hat offenbar eine Menge von Mutter mitbekommen. Es müssen die Gene sein, wie meine Ehemalige annimmt. Jedenfalls wollte Konny nirgendwo, nicht mal im Ratzeburger Ruderclub oder – wie Gabi ihm geraten hat – bei den Pfadfindern Mitglied werden. Von ihr bekam ich zu hören: »Er ist ein typischer Einzelgänger, schwer zu sozialisieren. Einige meiner Lehrerkollegen sagen, Konnys Denken sei ausschließlich vergangenheitsbezogen, sosehr er sich nach außen hin für technische Neuerungen interessiert, für Computer und moderne Kommunikation zum Beispiel...«

Jadoch! Es ist Mutter gewesen, die meinem Sohn bald nach dem Jubiläumstreffen der Überlebenden im Ostseebad Damp einen Mac mit allem Drum und Dran geschenkt hat.

Knapp fünfzehn war er, als sie ihn süchtig werden ließ. Sie, nur sie ist schuld, daß es mit dem Jungen danebenging. Jedenfalls sind sich Gabi und ich darin immerhin einig: als Konny den Computer geschenkt bekam, begann all das Unglück.

Menschen, die immer nur auf einen Punkt starren, bis es kokelt, qualmt, züngelt, sind mir noch nie geheuer gewesen. Gustloff, zum Beispiel, dem einzig des Führers Wille das Ziel setzte, oder Marinesko, der in Friedenszeiten nur eines, das Schiffeversenken übte, oder David Frankfurter, der eigentlich sich selbst erschießen wollte, dann aber, um seinem Volk ein Zeichen zu geben, eines anderen Fleisch mit vier Schüssen durchlöcherte.

Über ihn, der von trauriger Gestalt war, hat der Regisseur Rolf Lyssy Ende der sechziger Jahre einen Film gedreht. Ich habe mir eine Kassette auf häuslicher Mattscheibe angeschaut; in Kinos läuft der Schwarzweißfilm schon lange nicht mehr. Lyssy geht ziemlich korrekt mit den Fakten um. Man sieht den Medizinstudenten, der anfangs eine Baskenmütze, dann einen Hut trägt, verzweifelt rauchen und Tabletten schlucken. Beim Kauf des Revolvers in der Berner Altstadt kosten zwei Dutzend Patronen drei Franken siebzig. Noch bevor Gustloff in Zivilkleidung sein Arbeitszimmer betritt, setzt Frankfurter, anders als nach meiner Version, wartend den Hut auf, wechselt vom Sessel auf einen Stuhl und schießt dann mit Hut auf dem Kopf. Nachdem er sich dem Polizeiposten Davos gestellt und sein Geständnis unbewegt, wie ein auswendig gelerntes Schulgedicht aufgesagt hat, legt er als Beweis den Revolver auf den Amtstisch.

Neues sagt der Film nicht. Interessant sind aber Wochenschaueinblendungen, die den mit der Hakenkreuzfahne bekleideten Sarg bei Schneefall zeigen. Ganz Schwerin ist verschneit, während der Trauerzug seinen Weg nimmt. Anders als in den Berichten grüßen nur wenige Zivilpersonen den Sarg mit erhobener Hand. Der Schauspieler, der den Mörder Frankfurter darstellt, wirkt beim Prozeß, zwischen zwei Kantonspolizisten gesetzt, ziemlich klein. Er sagt: »Gustloff war der einzige, der für mich erreichbar war...« Er sagt: »Den Bazillus wollte ich treffen, nicht die Person...«

Ferner zeigt der Film, wie der Häftling Frankfurter zwischen anderen Häftlingen tagtäglich an einem Webstuhl arbeitet. Zeit vergeht. So wird deutlich, daß er im Verlauf der ersten Haftjahre im Sennhof-Gefängnis Chur, während gleichzeitig und wie in einem anderen Film der U-Bootkommandant Alexander Marinesko in den Küstengewässern der östlichen Ostsee das schnelle Abtauchen nach einem Überwasserangriff übt und das KdF-Schiff *Wilhelm Gustloff* Mal um Mal Norwegens Fjorde und die Mitternachtssonne zum Reiseziel hat, langsam von seiner Knochenkrankheit gesundet: wohlgenährt, pausbäckig sieht er aus und raucht nicht mehr.

Natürlich ist in Lyssys Film weder die *Gustloff* noch das sowjetische Unterseeboot zu sehen; nur die mehrmals eingeblendeten Webstühle lassen mittels Arbeitsgeräusch ahnen, daß mit dem Zuwachs an schlichtem Gewebe Zeit vergeht. Und immer wieder bescheinigt der Gefängnisarzt dem Häftling Frankfurter, daß ihn der andauernde Zuchthausaufenthalt nach und nach gesundmache. Zwar sieht es so aus, als habe der Täter seine Tat bereits abgesessen und sei nun ein anderer Mensch, ich jedoch bleibe dabei: fremd, nicht geheuer ist mir ein jeder, der nur ein einziges Ziel vor Augen hat, zum Beispiel mein Sohn...

Sie hat ihm das eingeimpft. Dafür, Mutter, und weil Du mich geboren hast, als das Schiff sank, hasse ich Dich. Auch daß ich überlebte, ist mir in Schüben hassenswert geblieben, denn wenn Du, Mutter, wie tausend andere, als es »Rette sich, wer kann« hieß, hochschwanger über Bord gegangen, trotz Rettungsgürtel überm Bauch im eisigen Wasser erstarrt wärest oder Dich der Sog des über den Bug sinkenden Schiffes samt meiner Ungeburt in die Tiefe gerissen hätte...

Aber nein. Ich darf nicht, darf noch nicht zum Knackpunkt meiner zufälligen Existenz kommen, denn noch standen dem Schiff friedliche KdF-Reisen bevor. Zehnmal ging es um den italienischen Stiefel herum, inklusive Sizilien, und zwar mit Landgang in Neapel und Palermo, denn Italien war ja, weil vorbildlich faschistisch organisiert, ein befreundetes Land; hier wie dort wurde mit der erhobenen Rechten gegrüßt.

Nach nächtlicher Bahnfahrt wurden die stets sorgfältig ausgewählten Passagiere in Genua eingeschifft. Und nach der Rundreise ging's von Venedig aus mit der Bahn zurück. Immer öfter waren hohe Tiere aus Partei und Wirtschaft dabei, was die klassenlose Gesellschaft an Bord des KdF-Schiffes in Schieflage brachte. Zum Beispiel kam während einer Rundreise der berühmte Erfinder des Volkswagens, der anfangs KdF-Wagen hieß, als geladener Gast an Bord; Professor Porsche zeigte sich besonders an der hochmodernen Maschinenanlage des Schiffes interessiert.

Nachdem sie in Genua überwintert hatte, traf die *Gustloff* Mitte März neununddreißig wieder in Hamburg ein. Als wenige Tage später die *Robert Ley* in Dienst gestellt wurde, zählte die KdF-Flotte dreizehn Schiffe, doch mit den Urlaubsreisen für Arbeiter und Angestellte war es vorerst vorbei. Mit unbekanntem Ziel und ohne Passagiere liefen sieben Schiffe der Flotte, unter ihnen die *Ley* und die *Gustloff*, elbabwärts aus, und erst auf Höhe von Brunsbüttelkoog gab eine bis dahin versiegelte Order das Reiseziel, den spanischen Hafen Vigo, bekannt.

Zum ersten Mal sollten die Schiffe als Truppentransporter Platz bieten. Da der Bürgerkrieg zu Ende war, General Franco und mit ihm die Falange gesiegt hatten, durften die seit sechsunddreißig auf Francos Seite kämpfenden deutschen Freiwilligen der »Legion Condor« heimkehren.

Natürlich war der Truppenverband dieses Namens dem alles wiederkäuenden Internet ein gefundenes Fressen. Allen voran meldete »www.blutzeuge.de« den Rücktransport des Luftwaffen-Flak-Regimentes 88. So heutig, als hätten sie erst gestern die Roten besiegt, kehrten die Legionäre an Bord der *Gustloff* heim. Mein Webmaster gab solo Bericht, der Chatroom blieb geschlossen, ließ kein Duett zu, das – Wilhelm gegen David – die Bombardierung der baskischen Stadt Guernica durch unsere Junkers- und Heinkelflugzeuge zum Thema gehabt hätte, wenngleich Flugzeuge dieses Typs, sei es beim Sturzflug, sei es beim Bombenabwurf, fortlaufend die Website der Siegesfeier bebilderten.

Anfangs gab sich der Sprecher der Kameradschaft Schwerin distanziert als Militärhistoriker und wies nach, daß der Spanische Bürgerkrieg Gelegenheit geboten habe, neue Waffen auszuprobieren, wie etwa vor wenigen Jahren der Golfkrieg den Amerikanern die Chance bot, ihre neuen Raketensysteme zu erproben. Dann aber fiel ihm zur »Legion Condor« nur noch Hymnisches ein. Offenbar hatte er sich mit Hilfe von Heinz Schöns gründlich recherchiertem Buch kundig gemacht, denn begeistert wie dieser gab er die Rückkehr des Schiffes und den Empfang der Heimkehrer bekannt. Und ähnlich dem Chronisten der *Gustloff*, den er online immer wieder zitierte, spielte er die Rolle des Augenzeugen: »An Bord herrschte Bombenstimmung...« und meldete »brausenden Beifall«, als die Legionäre später von Generalfeldmarschall Göring begrüßt wurden. Sogar den Preußischen Grenadiermarsch, der beim Festmachen der *Gustloff* und der *Ley* an Hamburgs Überseebrücke geschmettert wurde, hatte er mit allem Tschingderassassa als Notenbild auf seine Website gestellt.

Während die *Gustloff* zum ersten Mal als Truppentransporter diente und David Frankfurter bei verbessertem Gesundheitszustand sein drittes Haftjahr im Sennhof-Gefängnis absaß, setzte Alexander Marinesko unverdrossen seine Übungsfahrten in Küstengewässern fort. Im Marinearchiv der baltischen Rotbannerflotte hat sich über das Unterseeboot $M96$ eine Akte gefunden, der zu entnehmen ist, daß es dem Kommandanten gelungen war, derart seine Mannschaft auf den fingierten Überwasserangriff zu drillen, daß sie schließlich das Abtauchen in der Rekordzeit von 19,5 Sekunden schaffte; der Durchschnittswert anderer Boote lag bei 28 Sekunden. $M96$ war erprobt für den Ernstfall. Und auch auf der Website der Schweriner Kameradschaft sah es so aus, als sei man mit der wiederholt zitierten Liedzeile »Einst kommt der Tag der Rache...« für etwas Unbestimmtes – den Tag der Rache? – zwar noch nicht erprobt, doch immerhin bereit.

Dennoch konnte ich den Gedanken nicht abweisen, daß kein Ewiggestriger, wie Mutter, olle Kamellen breittrat, unentwegt die braune Brühe aufrührte und den Triumph des Tausendjährigen Reiches gleich einer Schallplatte mit Sprung abfeierte, vielmehr ein junger Mann, womöglich ein Glatzkopf der intelligenteren Sorte oder ein verbohrter Gymnasiast, sich samt seinen Spitzfindigkeiten im Netz verbreitete.

Aber ich ging meiner Ahnung nicht nach, wollte nicht wahrhaben, daß mir gewisse Formulierungen der digital verkündeten Botschaften, etwa die an sich harmlose Wertung »Die *Gustloff* war ein schönes Schiff«, auf penetrante Weise bekannt vorkamen. Das war zwar nicht Mutters Originalton, aber...

Was blieb, war die tickende, wenn auch immer wieder verschüttete Gewißheit: Es könnte, nein, es ist mein Sohn, der hier seit Monaten... Das ist Konrad, der sich... Dahinter steckt Konny...

Lange kleidete ich meine Ahnung mit Fragesätzen: Das wird doch nicht etwa dein eigen Fleisch und Blut sein? Ist es möglich, daß sich jemand, der halbwegs linksliberal erzogen wurde, so weit nach rechts hin verirren kann? Das müßte doch Gabi aufgefallen sein – oder?

Dann jedoch erzählte mir der, so hoffte ich immer noch, unbekannte Webmaster ein allzu vertrautes Märchen: »Es war einmal ein kleiner Junge, der war taubstumm und ertrank beim Baden. Seine Schwester jedoch, die ihn heißinnig liebte und die sich später, viel später vor den Schrecken des Krieges auf ein großes Schiff retten wollte, ertrank nicht, als das Schiff voller Flüchtlinge von drei feindlichen Torpedos getroffen wurde und im eiskalten Wasser versank...«

Mir wurde heiß: Das ist er! Mein Sohn, der hier auf seiner mit lustigen Strichmännchen illustrierten Website aller Welt Märchen erzählt. Dabei plaudert er Familiäres aus, wird direkt, verzichtet auf Schlenker: »Konrads Schwester jedoch, die nach dem Tod ihres lockenköpfigen Bruders drei Tage lang geschrien, dann aber eine Woche lang geschwiegen hat, ist meine liebe Großmutter, der ich im Namen der Kameradschaft Schwerin bei ihrem weißen Haar geschworen habe, die Wahrheit, nichts als die Wahrheit zu bezeugen: Es ist das

Weltjudentum, das uns Deutsche für alle Zeit und Ewigkeit an den Pranger ketten will...«

Undsoweiter undsoweiter. Ich telefonierte mit Mutter und bekam eine Abfuhr: »Na sowas! Jahrelang haste diä nich um onser Konradchen jekimmert, ond nu auf ainmal heerste die Flöhe husten ond spielst ons den besorjten Papa vor...«

Auch mit Gabi telefonierte ich, fuhr schließlich übers Wochenende nach Mölln, in dieses verschnarchte Nest, und brachte sogar Blumen mit. Konny, hieß es, sei in Schwerin auf Besuch bei der Großmutter. Als ich meiner Ehemaligen gegenüber mein Sorgenpaket aufschnürte, hörte sie mir keine Minute zu: »Ich verbiete dir, in meinem Haus derartige Reden zu führen und meinen Sohn des Umgangs mit Rechtsradikalen zu bezichtigen...«

Ich war bemüht, ruhig zu bleiben, gab zu bedenken, daß es in Mölln, diesem an sich idyllischen Städtchen, vor dreieinhalb Jahren einen bösen Brandanschlag auf zwei von Türken bewohnte Häuser gegeben habe. Alle Zeitungen seien damals verrückt nach Sonderberichten gewesen. Auch meine Wenigkeit habe Agenturmeldungen verzapft. Sogar das Ausland sei besorgt gewesen, weil in Deutschland wieder... Immerhin habe es drei Tote gegeben. Zwar seien einige Kids geschnappt und zwei Täter zu hohen Haftstrafen verknackt worden, doch könne es sein, daß eine Nachfolgeorganisation, ein paar von diesen durchgeknallten Skins, mit unserem Konny Kontakt gesucht habe. Hier in Mölln oder möglicherweise in Schwerin...

Sie lachte mir ins Gesicht: »Kannst du dir Konrad bei diesen Brüllaffen vorstellen? Im Ernst! Ein Einzelgänger wie er in einer Horde? Lachhaft ist das. Aber solche Verdächtigungen sind durchaus typisch für jene Art von Journalismus, die du für wen auch immer betrieben hast.«

Gabi ersparte mir nicht, mich, satt an Details, an meine bald dreißig Jahre zurückliegende Tätigkeit bei der Springer-Presse, an meine »paranoiden Hetzartikel gegen Linke« zu erinnern: »Im übrigen, wenn irgend jemand insgeheim rechtsgewickelt ist, dann bist du das, immer noch...«

Jadochja! Ich kenne meine Abgründe. Weiß, wie schweißtreibend es ist, sie abgedeckelt zu halten. Bleibe bemüht, will wedernoch sein. Gebe mich in der Regel neutral. Denn wenn ich einen Auftrag, gleich von wem, habe, stelle ich nur fest, berichte nur, lasse aber nicht locker...

Deshalb, weil ich es wissen wollte – und zwar von Konny direkt –, habe ich mich in der Nähe meiner Ehemaligen in einem Hotel mit Seeblick einquartiert. Wiederholt klingelte ich bei Gabi, wollte mit meinem Sohn sprechen. Am Sonntag abend kam er endlich, war von Schwerin mit dem Bus angereist. Jedenfalls trug er keine Springerstiefel, sondern ganz normale Boots zu Jeans und einen farbigen Norwegerpullover. Sah eigentlich nett aus und hatte sein naturgelocktes Haar nicht abrasiert. Mit Brille wirkte er neunmalklug. Mich übersah er, sprach überhaupt kaum, nur einige Worte mit seiner Mutter. Es gab Salat und belegte Brote, dazu Apfelsaft.

Doch bevor Konny nach dem gemeinsamen Abendessen in seinem Zimmer verschwinden konnte, erwischte ich ihn auf dem Flur. Betont beiläufig stellte ich Fragen: Wie es in der Schule gehe, ob er Freunde, womöglich eine Freundin habe, welchen Sport er treibe, was ihm das gewiß teure Geburtstagsgeschenk der Großmutter, dessen Preis ich andeutungsweise wisse, bedeute, ob denn ein Computer und überhaupt die Möglichkeit moderner Kommunikation, das Internet zum Beispiel, neue Erkenntnisse zulasse, was ihm, falls er im Internet surfe, schwerpunktmäßig wichtig sei.

Er schien mir zuzuhören, während ich meinen Sermon abspulte. Auch glaubte ich, seinem auffallend kleinen Mund ein Lächeln ablesen zu können. Er lächelte! Dann nahm er die Brille ab, setzte sie wieder auf und sah, wie zuvor am Abendbrottisch, durch mich durch. Seine Antwort kam leise: »Seit wann interessiert dich, was ich tue?« Nach einer Pause – schon stand mein Sohn in der Tür seines Zimmers – bekam ich einen Nachschlag geliefert: »Ich betreibe historische Studien. Reicht die Auskunft?«

Zu war die Tür. Hätte ihm nachrufen sollen: Ich auch, Konny, ich auch! Lauter alte Geschichten. Es geht um ein Schiff. Im Mai neununddreißig hat es gut tausend Freiwillige der siegreichen »Legion Condor« nach Hause gebracht. Aber wen kümmert das heute noch? Etwa dich, Konny?

4

Bei einem der von ihm eingefädelten Treffen, die er Arbeits-
gespräche nennt, bekam ich zu hören: Eigentlich müsse
jeder Handlungsstrang, der mit der Stadt Danzig und deren
Umgebung verknüpft oder locker verbunden sei, seine Sache sein. Er und kein anderer hätte deshalb von allem, was
das Schiff angehe, die Ursache der Namensgebung und welchen Zweck es nach Kriegsbeginn erfüllt habe, berichten
und also vom Ende auf Höhe der Stolpebank kurz- oder lang-
gefaßt erzählen müssen. Gleich nach Erscheinen des Wäl-
zers »Hundejahre« sei ihm diese Stoffmasse auferlegt worden. Er – wer sonst? – hätte sie abtragen müssen, Schicht für
Schicht. Denn an Hinweisen auf das Schicksal der Pokriefkes, Tulla voran, habe es nicht gefehlt. Zumindest sei zu
erahnen gewesen, daß der Rest der Familie – Tullas beide
ältere Brüder waren gefallen – zu den tausend und nochmal
tausend Flüchtlingen gehörte, die zuallerletzt auf der überladenen *Gustloff* Platz gefunden hätten, mitsamt der schwangeren Tulla.

Leider, sagte er, sei ihm dergleichen nicht von der Hand
gegangen. Sein Versäumnis, bedauerlich, mehr noch: sein
Versagen. Doch wolle er sich nicht rausreden, nur zugeben,
daß er gegen Mitte der sechziger Jahre die Vergangenheit
sattgehabt, ihn die gefräßige, immerfort jetztjetztjetzt sagen-
de Gegenwart gehindert habe, rechtzeitig auf etwa zweihundert Blatt Papier… Nun sei es zu spät für ihn. Ersatzweise

habe er mich zwar nicht erfunden, aber nach langer Sucherei auf den Listen der Überlebenden wie eine Fundsache entdeckt. Als Person von eher dürftigem Profil, sei ich dennoch prädestiniert: geboren, während das Schiff sank.

Dann sagte er noch, die Sache mit meinem Sohn tue ihm leid, doch habe er nicht wissen können, daß sich Tullas Enkel hinter der ominösen Homepage »www.blutzeuge.de« versteckt halte, wenngleich es niemanden überraschen dürfe, daß sich Tulla Pokriefke als Großmutter einen Nachkömmling dieser Art leiste. Sie sei schon immer fürs Extreme gewesen und außerdem, wie man sehe, nicht kleinzukriegen. Doch nun, ermunterte er seine Hilfskraft, sei ich wieder dran, müsse berichten, wie es mit dem Schiff weitergegangen sei, nachdem es einen Truppenteil der berüchtigten »Legion Condor« von einem spanischen Hafen nach Hamburg transportiert habe.

Kurzgefaßt könnte es jetzt heißen: Und dann begann der Krieg. Aber das geht noch nicht. Vorher, den langen schönen Sommer über durfte das KdF-Schiff auf gewohnter Route ein halbes Dutzend Norwegenreisen hinter sich bringen. Immer noch ohne Landgang. Überwiegend waren Arbeiter und Angestellte aus dem Ruhrgebiet und Berlin, aus Hannover und Bremen an Bord. Außerdem kleine Gruppen von Auslandsdeutschen. Das Schiff lief in den Byfjord ein und erlaubte den fotografierenden Urlaubern einen Blick auf die Stadt Bergen. Auch stand der Hardangerfjord auf dem Programm, schließlich der Sognefjord, in dem besonders viele Erinnerungsfotos geschossen wurden. Bis in den Juli konnte als Zugabe die Mitternachtssonne bestaunt und als Erlebnis gespeichert werden. Nunmehr kostete die Fünftagereise, leicht erhöht, fünfundvierzig Reichsmark.

Und dann begann immer noch nicht der Krieg, vielmehr diente die *Gustloff* der Leibeserziehung. Zwei Wochen lang fand in Stockholm ein friedliches Turnerfest, die »Lingiade«, statt, benannt nach Per Henrik Ling, einem, nehme ich an, schwedischen Turnvater Jahn. Das Urlauberschiff war Wohnschiff für über tausend uniform gekleidete Turner und Turnerinnen, unter ihnen Maiden vom Arbeitsdienst, die Nationalmannschaft der Reckturner, aber auch alte Herren, die immer noch am Barren turnten, sowie Gymnastikgruppen der Gemeinschaft »Glaube und Schönheit« und viele auf stadionweites Massenturnen gedrillte Kinder.

Kapitän Bertram ließ nicht im Hafen anlegen, aber ankerte in Sichtweite der Stadt. Turner und Turnerinnen wurden von Motorrettungsbooten in geregeltem Pendelverkehr befördert. So blieben die Leibeserzogenen unter Aufsicht. Zu Vorfällen kam es nicht. Meinen Unterlagen ist zu entnehmen, daß dieser Sondereinsatz ein Erfolg gewesen ist, der deutsch-schwedischen Freundschaft dienlich. Allen Turnübungsleitern ist eine extra von Schwedens König gestiftete Erinnerungsplakette überreicht worden. Am 6. August 1939 lief die *Wilhelm Gustloff* im Hamburger Hafen ein. Sofort wurde das KdF-Reiseprogramm wieder aufgenommen.

Doch dann begann der Krieg wirklich. Das heißt, während das Schiff zum letzten Mal in Friedenszeiten Kurs auf Norwegens Küste hielt, wurde dem Kapitän im Verlauf der Nacht vom 24. zum 25. August ein Funkspruch überreicht, dessen entschlüsselter Text ihn aufforderte, einen in der Kapitänskajüte lagernden und versiegelten Brief zu öffnen, worauf Kapitän Bertram laut Order »QWA 7« den Befehl gab, die Urlaubsreise abzubrechen und – ohne die Passagiere durch Erklärungen zu beunruhigen – Kurs auf den

Heimathafen zu nehmen. Vier Tage nach dem Einlaufen fing der Zweite Weltkrieg an.

Vorbei war es mit »Kraft durch Freude«. Vorbei mit Seeurlaubsreisen. Vorbei mit Erinnerungsfotos und Plaudereien auf dem Sonnendeck. Vorbei mit lustig und vorbei mit der klassenlos gemischten Urlaubsgesellschaft. Die der Deutschen Arbeitsfront angegliederte Organisation spezialisierte sich auf die unterhaltsame Betreuung aller Wehrmachtseinheiten und der vorerst nur langsam steigenden Zahl von Verwundeten. Aus KdF-Theatern entstanden Fronttheater. Die Schiffe der KdF-Flotte kamen unter das Kommando der Kriegsmarine, so auch die *Wilhelm Gustloff*, die zum Lazarettschiff mit fünfhundert Betten umgerüstet wurde. Für einen Teil der abgemusterten Friedensbesatzung kam Sanitätspersonal an Bord. Ein umlaufender grüner Streifen und rote Kreuze auf beiden Seiten des Schornsteins gaben dem Schiff ein neues Aussehen.

So, nach internationalem Abkommen kenntlich gemacht, nahm die *Gustloff* am 27. September Kurs Richtung Ostsee, passierte die Inseln Seeland und Bornholm und legte nach störungsfreier Fahrt gegenüber der noch kurz zuvor umkämpften Westerplatte in Danzig-Neufahrwasser an. Sogleich wurden mehrere hundert polnische Verwundete übernommen, zudem zehn verletzte Besatzungsmitglieder des deutschen Minensuchbootes *M 85*, das in der Danziger Bucht auf eine polnische Mine gelaufen und gesunken war; mehr fiel auf eigener Seite vorerst nicht an.

Und wie erlebte der auf neutralem Schweizer Boden einsitzende Häftling David Frankfurter, der durch gezielte Schüsse einem Schiff, das nun Lazarettschiff war, unfreiwillig zum Namen verholfen hatte, den Beginn des Krieges? Es ist anzunehmen, daß zum Tagesablauf des 1. September im

Sennhof-Gefängnis keine besonderen Ereignisse notiert worden sind; doch soll fortan dem Verhalten der Häftlinge anzumerken gewesen sein, wie jeweils die militärische Lage war, welcher Makel dem Juden Frankfurter anhing, welches Ansehen er zeitweilig genoß. In etwa wird der Anteil von Antisemiten innerhalb des Gefängnisses dem entsprochen haben, was sich außerhalb der Mauern erkennen ließ: ein, die gesamte Eidgenossenschaft betreffend, ausgewogenes Verhältnis.

Und was tat Kapitän Marinesko, als zuerst deutsche, dann aber, auf Grundlage des Hitler-Stalin-Paktes, auch russische Soldaten in Polen einmarschierten? Er war noch immer Kommandant des Zweihundertfünfzigtonnenbootes *M 96* und übte, da kein Kriegseinsatz angeordnet wurde, mit seinen achtzehn Besatzungsmitgliedern das Schnelltauchen in der östlichen Ostsee. Unverändert durstig blieb er der Landgangstrinker, der er immer gewesen war, hatte einige Weibergeschichten, doch bis dahin kein Disziplinarverfahren am Hals und mag von einem größeren, mit mehr als nur zwei Torpedorohren ausgerüsteten U-Boot geträumt haben.

Hinterher, heißt es, ist man klüger. Inzwischen weiß ich, daß mein Sohn lockeren Umgang mit Skins hatte. In Mölln gab es einige von dieser Sorte. Wegen des örtlichen Vorfalls mit Todesfolgen standen sie wahrscheinlich unter Beobachtung und wurden anderenorts, in Wismar oder bei größeren Treffen im Brandenburgischen laut. In Mölln wird Konny Distanz gewahrt haben, doch in Schwerin, wo er nicht nur die Wochenenden, sondern auch einen Teil seiner Schulferien bei seiner Großmutter verbrachte, hat er vor einer größeren Horde Glatzen, zu der Gruppen aus dem mecklenburgischen Umland zählten, einen Vortrag gehalten, der ihm offenbar zu langatmig geriet, denn er mußte ihn zwischendurch kürzen, obgleich seine schriftlich vorbereiteten Ausführungen dem Blutzeugen und großen Sohn der Stadt gewidmet waren.

Immerhin mag es Konny zuvor gelungen sein, einige der dort ansässigen und – wie üblich – auf Haßparolen und Ausländerhatz fixierten Jungnazis für sein Thema zu gewinnen, denn kurze Zeit lang hat sich diese lokale Zusammenrottung »Kameradschaft Wilhelm Gustloff« genannt. Wie später zu erfahren war, fand die Veranstaltung im Hinterzimmer einer Gaststätte in der Schweriner Straße statt. Mitglieder einer rechtsradikalen Partei sowie interessierte Bürger der Mittelschicht zählten zu den etwa fünfzig Zuhörern. Mutter ist nicht dabeigewesen.

Ich versuche mir meinen Sohn vorzustellen, wie er sich, dünn und hochaufgeschossen, mit Brille und lockenköpfig in seinem Norwegerpullover zwischen den Kahlköpfen bewegt. Er, der Safttrinker, umgeben von Fleischbergen, die mit Bierflaschen bewaffnet sind. Er, mit seiner hellen, stets verrutschenden Jungenstimme, übertönt von Großsprechern. Er, der Einzelgänger, aufgehoben im schweißgesättigten Mief.

Nein, er hat sich nicht angepaßt, blieb ein Fremdkörper inmitten der, üblicherweise, alles Fremde abstoßenden Szene. Haß auf Türken, die Freizeitbeschäftigung Negerklatschen und die pauschale Beschimpfung von Kanaken waren ihm nicht abzufordern. So enthielt sein Vortrag keinen Aufruf zur Gewalt. Bei der Schilderung des Mordes in Davos, den er, nüchtern wie ein Kriminalbeamter auf Motivsuche, bis in alle Einzelheiten zerlegt hat, sprach er zwar wie auf seiner Website von mutmaßlichen Hintermännern des Mörders, vom »Weltjudentum« und von der »jüdisch versippten Plutokratie«, aber Beschimpfungen wie »Schweinejuden« oder der Ruf »Juda verrecke!« standen nicht in seinem Redemanuskript. Selbst die Forderung nach der Wiederaufstellung eines Gedenksteins am Südufer des Schweriner Sees, »genau dort, wo seit 1937 der hochragende Granit zu Ehren des Blutzeugen gestanden hat«, war gesittet in Form eines Antrages gestellt, der die üblichen demokratischen Gepflogenheiten bemühte. Doch als er den versammelten Zuhörern vorschlug, daraus ein an den mecklenburgischen Landtag gerichtetes Bürgerbegehren zu machen, soll ihm Hohngelächter geantwortet haben. Schade, daß Mutter nicht dabeigewesen ist.

Konny hat das weggesteckt und sogleich begonnen, vom Schiff ab Stapellauf zu berichten. Dabei sind ihm Längen unterlaufen, als er über Sinn und Zweck der Organisation »Kraft durch Freude« referierte. Hingegen fand sein Bericht über den Einsatz des umgerüsteten Lazarettschiffes während der Besetzung Norwegens und Dänemarks durch Einheiten der Wehrmacht und Kriegsmarine einige Aufmerksamkeit im Kreis der Biertrinker, zumal etliche »Helden von Narvik« zu den Verwundeten an Bord des Schiffes gehörten. Doch weil es nach dem siegreichen Frankreichfeldzug nicht zum »Unternehmen Seelöwe«, das heißt zur Besetzung Englands und einem Einsatz der *Gustloff* als Truppentransporter kam und bald nur noch von der langweiligen Liegezeit des Schiffes in Gotenhafen zu berichten war, übertrug sich diese Langeweile auf das Publikum.

Mein Sohn hat seinen Vortrag nicht zu Ende bringen können. Rufe wie »Aufhören!« und »Was soll das Gesülze!« sowie Lärm, verursacht durch das Auftrumpfen mit Bierflaschen, führten dazu, daß er das weitere Schicksal des Schiffes, dessen Weg bis zum Untergang, nur verkürzt, grad noch bis zur Torpedierung vortragen konnte. Konny hat das mit Fassung ertragen. Wie gut, daß Mutter nicht dabeigewesen ist. Der bald Sechzehnjährige mag sich getröstet haben; schließlich stand ihm jederzeit das Internet offen. Für weitere Kontakte mit Skins gibt es keinen Beleg.

Er paßte nicht zu den Glatzen. Konny hat bald danach begonnen, ein Referat vorzubereiten, das er vor Lehrern und Schülern seines Möllner Gymnasiums halten wollte. Bis es soweit ist, ihm aber das Publikum für seinen Vortrag verweigert wird, werde ich weiterhin auf Spur bleiben und vorerst von der *Gustloff* während Kriegszeiten berichten: Als Lazarettschiff fehlte ihr Nachschub, sie mußte abermals umgerüstet werden.

Das Schiff wurde ausgeweidet. Ende November vierzig verschwanden die Röntgenapparate. Man demontierte die Operationssäle, desgleichen die Ambulanz. An Bord waren keine Schwestern mehr tätig, keine Krankenbetten standen in Reihe. Mit einem Großteil der zivilen Schiffsbesatzung wurden Ärzte und Sanitäter abgemustert oder auf andere Schiffe versetzt. Von den Maschinisten blieb nur der Wartungsdienst für den Maschinenraum. Anstelle des Chefarztes hatte fortan ein U-Bootoffizier im Range eines Korvettenkapitäns das Sagen; als Kommandeur der 2. Unterseeboot-Lehrdivision bestimmte er über die Funktion des Wohn- und Ausbildungsschiffes, das als »schwimmende Kaserne« vertäut lag. Kapitän Bertram blieb an Bord, doch gab es keinen Schiffskurs, den er hätte abstecken können. Zwar ist er auf Fotos, die mir vorliegen, imposant anzusehen, war aber dennoch ein Kapitän auf Abruf, zweitrangig. Dem erfahrenen Seemann der Handelsmarine fiel es schwer, sich an militärische Weisungen zu halten, zumal an Bord alles anders wurde. Anstelle der Ley-Bilder hingen gerahmte Fotos des Großadmirals. Der Rauchersalon auf dem Unteren Promenadendeck verwandelte sich in eine Offiziersmesse. Die großen Speisesäle hatten der Abfütterung der Unteroffiziere und Mannschaften zu dienen. Im Vorschiff wurden Speise- und Aufenthaltsräume für die restliche Zivilbesatzung eingerichtet. Nicht mehr »klassenlos« lag die *Wilhelm Gustloff* an einem der Kais der einst polnischen Hafenstadt Gdynia, die seit Kriegsbeginn Gotenhafen zu heißen hatte. Dort lag sie für Jahre fest.

Vier Kompanien der Lehrdivision wohnten an Bord. In mir vorliegenden Papieren, die übrigens wortgetreu im Internet zitiert und angereichert durch Bildmaterial verbreitet wurden – mein Sohn schöpfte aus einer Quelle, die jetzt meine ist –, wird versichert, daß Korvettenkapitän Wilhelm Zahn als erfahrener U-Bootkommandant für eine harte Ausbildung der Freiwilligen gesorgt hat. Die immer jüngeren U-Bootmatrosen – gegen Schluß nahmen sie Siebzehnjährige – kamen für ein Vierteljahr an Bord. Danach war vielen von ihnen der Tod sicher, sei es im Atlantik, im Mittelmeer, später auf Feindfahrt längs der nördlichsten Route nach Murmansk, auf der amerikanische Geleitzüge, beladen mit Rüstungsgütern für die Sowjetunion, ihren Kurs nahmen.

Neunzehnhundertvierzig, einundvierzig, zweiundvierzig gingen dahin und produzierten Siege, die für Sondermeldungen taugten. Außer der ständigen Ausbildung von Todeskandidaten und dem ungefährlich bequemen Etappendienst, dem das Ausbildungspersonal und der Rest der Schiffsbesatzung nachging – im Bordkino liefen alte und neue Ufa-Filme –, geschah nichts in einer Zeit, in der im Osten Kesselschlachten geschlagen wurden und in der Libyschen Wüste das Afrikakorps Tobruk eroberte, es sei denn, man bewertet den Auftritt des Großadmirals Dönitz bei seinem Besuch am Kai Gotenhafen-Oxhöft als ein Ereignis, von dem allerdings nur offizielle Fotos geblieben sind.

Das fand im März dreiundvierzig statt. Da war Stalingrad bereits gefallen. Schon bewegten sich alle Frontlinien rückläufig. Da die Lufthoheit über dem Reich längst verloren war, rückte auch hier der Krieg näher; doch nicht die nahegelegene Stadt Danzig, sondern Gotenhafen war Ziel von Bomberverbänden der 8. amerikanischen Luftflotte. Das Lazarettschiff *Stuttgart* brannte aus. Das U-Bootbegleitschiff *Eupen* wurde versenkt. Mehrere Schlepper, ein finnischer, ein schwedischer Dampfer sanken nach Volltreffern. Im Dock wurde ein Frachter beschädigt. Die *Gustloff* jedoch kam mit einem Riß an der Steuerbordaußenwand davon. Eine nahbei im Hafenwasser detonierende Bombe hatte den Schaden verursacht: das Schiff mußte eingedockt werden. Danach erwies sich die »schwimmende Kaserne« bei einer Probefahrt in der Danziger Bucht als immer noch seetauglich.

Inzwischen hieß der kommandoführende Kapitän des Schiffes nicht mehr Bertram, sondern – wie schon einmal zu KdF-Zeiten – Petersen. Es gab keine Siege mehr, nur Rückschläge an allen östlichen Frontabschnitten, und auch die Libysche Wüste mußte geräumt werden. Immer weniger U-Boote kehrten von Feindfahrten zurück. Unterm Flächenbombardement zerfielen die Städte; aber Danzig stand noch mit allen Giebeln und Türmen. In einer Tischlerei des Vorortes Langfuhr wurden störungsfrei Fenster und Türen für Lagerbaracken gefertigt. Um diese Zeit, als nicht nur Sondermeldungen, auch Butter, Fleisch, Eier, sogar Hülsenfrüchte knapp waren, wurde Tulla Pokriefke als Straßenbahnschaffnerin kriegsdienstverpflichtet. Sie ging zum ersten Mal schwanger, verlor aber den Winzling, als sie vorsätzlich während der Fahrt zwischen Langfuhr und Oliva von der Bahn sprang: wiederholt und jeweils kurz vor den Haltestellen, wovon Mutter mir wie von einer sportlichen Übung erzählt hat.

Und noch etwas geschah inzwischen. David Frankfurter wurde, als die Schweiz befürchten mußte, vom immer noch großmächtigen Nachbarn okkupiert zu werden, aus dem Gefängnis in Chur in eine im Welschland gelegene Haftanstalt verlegt, zu seinem Schutz, wie es hieß; und der Kommandant des Zweihundertfünfzigtonnenbootes $M96$, Alexander Marinesko, bekam als Kapitän 3. Grades ein neues Boot unterstellt. Zwei Jahre zuvor hatte er ein Transportschiff versenkt, das seinen Angaben nach ein Siebentausendtonner, nach Angaben der sowjetischen Flottenleitung nur ein Schiff von achtzehnhundert Tonnen gewesen sein soll.

Das neue Boot, $S13$, von dem Marinesko so lange, ob nüchtern oder volltrunken, geträumt hatte, gehörte zur Stalinetz-Klasse. Mag sein, daß das Schicksal, nein, der Zufall, nein, die strengen Bedingungen des Versailler Vertrages ihm zu dem modern ausgerüsteten Schiff verholfen haben. Weil dem Deutschen Reich nach Ende des Ersten Weltkrieges der U-Bootbau verboten war, ließen die Krupp-Germania-Werft in Kiel und die Schiffsmaschinenbau A.G. Bremen, nach ihren Plänen und im Auftrag der Reichsmarine, ein Hochseeboot auf höchstem technischen Niveau vom Haager »Ingenieurs Kantoor voor Scheepsbouw« entwerfen. Später lief der Neubau im Rahmen der deutsch-sowjetischen Zusammenarbeit wie zuvor die anderen Stalinetz-Boote in der Sowjetunion vom Stapel und wurde – kurz vor Beginn des deutschen Überfalls auf Rußland – als Einheit der baltischen Rotbannerflotte in Dienst gestellt. Wann immer $S13$

seinen Stützpunkt Smolny im finnischen Hafen Turku verließ, hatte es zehn Torpedos an Bord.

Auf seiner schiffskundigen Website vertrat mein Sohn die Meinung, es habe sich bei dem in Holland entworfenen U-Boot um »deutsche Wertarbeit« gehandelt. Mag sein. Vorerst jedoch gelang es Kapitän Marinesko nur, vor der Küste Pommerns einen Hochseeschlepper namens *Siegfried* nach drei fehlgeleiteten Torpedoschüssen durch Artilleriebeschuß zu versenken. Gleich nach dem Auftauchen kam das 10-Zentimeter-Buggeschütz zum Einsatz.

Ich lasse das Schiff jetzt liegen, wo es, von Luftangriffen abgesehen, einigermaßen sicher lag, und komme im Krebsgang auf mein privates Unglück zurück. Es war ja nicht so, daß von Anfang an klar erkannt werden konnte, wohin sich Konrad verrannte. Nach meiner Einschätzung handelte es sich um harmlos kindisches Zeug, das er als Cyberspace-Turner von sich gab, etwa als er die aus Propagandagründen billig gemachten KdF-Reisen mit den Angeboten des heutigen Massentourismus, den Kosten von Tickets für Kreuzfahrten in der Karibik an Bord sogenannter »Traumschiffe« oder mit TUI-Angeboten verglich, natürlich immer zugunsten der »klassenlos« auf Norwegen Kurs haltenden *Gustloff* und anderer Schiffe der Arbeitsfront. Das sei wahrer Sozialismus gewesen, jubelte er auf seiner Website. Vergeblich hätten die Kommunisten versucht, in der DDR etwas Ähnliches auf die Beine zu stellen. Leider, hieß es bei ihm, sei dieser Versuch nicht gelungen. Nicht einmal die KdF-Großanlage Prora auf der Insel Rügen, in Friedenszeiten für 20 000 Badeurlauber geplant, habe man nach Kriegsende fertiggebaut.

»Nun«, forderte er, »muß man die KdF-Ruine unter Denkmalschutz stellen!« und stritt dann auf pennälerhafte Weise mit seinem, wie ich lange geglaubt hatte, erfundenen Dialogpartner David über die Zukunft einer nicht nur nationalen, sondern auch sozialistischen Volksgemeinschaft. Er zitierte Gregor Strasser, aber auch Robert Ley, dessen Ideen er mit der Schulnote »sehr gut« pries. Er sprach von einem »gesunden Volkskörper«, worauf David vor »sozialistischer Gleichmacherei« warnte und Ley einen »ständig alkoholisierten Großsprecher« nannte.

Ich habe mir das nur mäßig amüsante Gechatte angeschaut und kam zu der Einsicht: je begeisterter mein Sohn das Wunderwerk »Kraft durch Freude« als Zukunftsprojekt herausstrich und die Bemühungen des Arbeiter-und-Bauern-Staates, gleichfalls ein sozialistisches Ferienparadies erblühen zu lassen, trotz aller Mängelerscheinungen lobte, um so peinlicher sprach seine Großmutter aus ihm. Sobald ich in Konnys Chatroom war, hatte ich das unbeirrbare Gequassel der Ewiggestrigen im Ohr.

So hatte Mutter einst mich und andere agitiert. Während der Zeit, bevor ich in den Westen ging, hörte ich sie als Stalins letzte Getreue an unserem Küchentisch Reden schwingen: »Ond das sag ech euch, liebe Jenossen, so wie onser Walter Ulbricht mal janz klain als Tischlerlehrling anjefangen hat, so bin och ech erstmal inne Tischlerlehre jejangen ond hab Knochenleim jerochen...«

Später, nach des Ersten Sekretärs Abgang, soll sie Ärger bekommen haben. Nicht mehr, weil ich republikflüchtig geworden war, eher, weil sie Ulbrichts Nachfolger als »mickrigen Dachdecker« beschimpft und überall Revisionisten gewittert hat. Und vors versammelte Parteikollektiv zitiert, soll sie sich zur Person Wilhelm Gustloffs als Opfer des Zionismus etwa so geäußert haben: »...der so tragisch hinjemordete Sohn von onsere scheene Stadt Schwerin.«

Dennoch hat sich Mutter in ihrer Position halten können. Sie war beliebt und gefürchtet zugleich. Als mehrfach ausgezeichnete Aktivistin blieb sie bei der Erfüllung des Plansolls erfolgreich und hat ihre Tischlereibrigade beim VEB Möbelkombinat in der Güstrower Straße bis zum Schluß geleitet. Sie ist es auch gewesen, die den Anteil von Frauen als Tischlerlehrlinge auf über zwanzig Prozent gesteigert hat.

Als dann der Arbeiter-und-Bauern-Staat weg war und – für Stadt und Land zuständig – die Berliner Treuhand eine Zweigstelle in Schwerin aufmachte, soll Mutter beim Abwickeln und Privatisieren der VEB Kabelwerke, der Plastmaschinenwerke und weiterer Großbetriebe, so der Klement-Gottwald-Werke für Schiffszubehör, und sogar ihrer einstigen VEB Möbelwerke die Finger drin gehabt haben. Jedenfalls ist anzunehmen, daß sie sich beim Schnäppchengeschäft schadlos gehalten hat, als im Osten das große Abräumen begann, denn Mutter war, sobald das neue Geld da war, nicht nur auf ihre Rente angewiesen. Und als sie meinem Sohn den Computer samt teurem Zubehör geschenkt hat, wird sie dieser Kauf nicht arm gemacht haben. Den Anstoß für soviel Großzügigkeit – mir gegenüber ist sie ziemlich knauserig gewesen – führe ich auf ein Ereignis zurück, das zwar im bundesdeutschen Pressetümpel keine Wellen geschlagen hat, aber entscheidend für Konny wurde.

Bevor ich auf das Treffen der Überlebenden komme, muß jedoch eine Peinlichkeit eingerückt werden, die mir jemand ausreden möchte, der sich ein allzu fleckenfreies Bild von seiner Tulla gemacht hat: am 30. Januar neunzig, als das verfluchte Datum außer Kurs zu sein schien, weil überall nach der Melodie »Deutschland, einig Vaterland« getanzt wurde und alle Ossis verrückt nach der D-Mark waren, ist Mutter auf ihre Weise aktiv geworden.

Am Südufer des Schweriner Sees gammelte eine mausgraue Jugendherberge zweistöckig vor sich hin. Man hatte sie Anfang der fünfziger Jahre gebaut und nach Kurt Bürger benannt, einem Altstalinisten, der bald nach Kriegsende als erprobter Antifaschist von Moskau her angereist war und sich in Mecklenburg durch hartes Durchgreifen Verdienste erworben hatte. Und hinter der Jugendherberge »Kurt Bürger« hat Mutter einen Strauß langstielige Rosen abgelegt, etwa dort, wo einst zur Seeseite hin der große Granit zu Ehren des Blutzeugen seinen Standort gehabt haben soll. Bei Dunkelheit, Punkt zehn Uhr achtzehn, tat sie das. Jedenfalls hat sie ihrer Freundin Jenny und mir später von ihrer nächtlichen Aktion mit solch genauer Zeitangabe erzählt. Ganz allein sei sie gewesen und habe hinter der zur Winterzeit unbelegten Jugendherberge mit der Taschenlampe die bestimmte Stelle gesucht. Lange sei sie unsicher gewesen, habe dann aber unter bedecktem Himmel und bei Nieselregen entschieden: hier war es. »Abä nich fier den Justloff bin ech mitte Blumen jekommen. Der war nur ain Nazi von viele, die abjemurkst wurden. Nai, fier das Schiff ond all die Kinderchen, die draufjegangen sind damals inne eiskalte See, hab ech jenau um zwaiundzwanziguhrrachtzehn main Strauß weiße Rosen abjelegt. Ond jewaint hab ech dabei noch finfondvierzig Jahr danach...«

Fünf Jahre später war Mutter nicht mehr allein. Herr Schön und die Kurdirektion des Ostseebades Damp sowie die Herren vom Kuratorium »Rettung über See« hatten eingeladen. Schon zehn Jahre zuvor war es an gleicher Stelle zu einem Treffen der Überlebenden gekommen. Damals gab es noch

Mauer und Stacheldraht, und aus dem ostdeutschen Staat hatte niemand anreisen dürfen. Diesmal jedoch kamen auch diejenigen, für die der Untergang des Schiffes etwas war, das über die Zeit hinweg von Staats wegen beschwiegen werden mußte. So konnte es nicht verwundern, daß die Gäste aus den neuen Bundesländern besonders herzlich begrüßt wurden; unter den Überlebenden sollte es keinen trennenden Unterschied zwischen Ossis und Wessis geben.

Im großen Festsaal des Kurortes hing über der Bühne ein Transparent, auf dem von Zeile zu Zeile in unterschiedlich großen Buchstaben zu lesen stand: »Gedenkfeier zum 50. Jahrestag des Untergangs der ›Wilhelm Gustloff‹ im Ostseebad Damp vom 28. bis 30. Januar 1995«. Der zufällige Umstand, nach dem dieses Datum zugleich an die Machtergreifung von dreiunddreißig und an den Geburtstag jenes Mannes erinnerte, der von David Frankfurter erschossen wurde, auf daß dem Volk der Juden ein Zeichen gesetzt war, ist öffentlich nicht erwähnt worden, bekam aber in der einen oder anderen Gesprächsrunde, sei es beim Kaffeetrinken, sei es während Veranstaltungspausen, den Wert eines halblauten Nebensatzes zugesprochen.

Mich hatte Mutter gezwungen, dabeizusein. Sie kam mir mit einem unwiderlegbaren Argument: »Wo du nu och fuffzich wirst...« Unseren Sohn Konrad hatte sie eingeladen und, weil Gabi nichts dagegenhatte, wie ein Beutestück mitgenommen. Sie fuhr in ihrem sandfarbenen Trabant vor: in Damp, zwischen Mercedes- und Opelkarossen, eine Sehenswürdigkeit. Meine zuvor ausgesprochene Bitte, sich mit mir zu begnügen und Konny mit Vergangenheitsduseleien zu verschonen, hatte sie überhört. Als Vater und auch sonst zählte ich nicht, denn was die Einschätzung meiner Person betraf, stimmten Mutter und meine Ehemalige, die sich sonst mieden, überein: für Mutter war ich, wie sie zu sagen pflegte, »ain Schlappjä«; von Gabi bekam ich bei jeder sich bietenden Gelegenheit zu hören, daß ich ein Versager sei.

So konnte es nicht verwundern, daß die zweieinhalb Tage in Damp für mich eher peinlich verlaufen sind. Stand dumm herum, rauchte wie ein Schlot. Als Journalist hätte ich natürlich eine Reportage, zumindest einen Kurzbericht schreiben können. Wahrscheinlich haben die Herren vom Kuratorium etwas in dieser Art von mir erwartet, denn anfangs hat mich Mutter als »Reporter von Springer saine Zaitungen« vorgestellt. Ich habe nicht widersprochen, aber auch nichts außer dem Satz »Das Wetter ist, wie es ist« zu Papier gebracht. Als wer hätte ich denn berichten sollen? Als »Kind der *Gustloff*«? Oder als von Berufs wegen Unbeteiligter?

Mutter hat auf alles Antwort gewußt. Da sie inmitten der Versammlung einige Überlebende wiedererkannte und spontan von ehemaligen Besatzungsmitgliedern des Torpedobootes *Löwe* angesprochen wurde, nahm sie jede Gelegenheit wahr, mich, wenn nicht als Springer-Reporter, dann als »das Jongchen, das mitten im Unjlick jeboren wurd« vorzustellen. Und selbstverständlich fehlte nicht ihr Hinweis, daß ja der Dreißigste Anlaß geben werde, meinen fünfzigsten Geburtstag zu feiern, auch wenn an diesem Tag die Stunde des stillen Gedenkens auf dem Programm stehe.

Nun soll es ja vor dem Zeitpunkt des Untergangs, aber auch tags darauf mehrere Geburten gegeben haben, doch bis auf eine Person, die am Neunundzwanzigsten geboren wurde, waren keine Gleichaltrigen in Damp dabei. Überwiegend sahen einander nur alte Leute, weil kaum Kinder gerettet worden sind. Zu den jüngeren zählte ein dazumal Zehnjähriger aus Elbing, der heute in Kanada lebt und vom

Kuratorium gebeten worden war, vor Publikum die Einzelheiten seiner Rettung zu berichten.

Überhaupt und aus naheliegenden Gründen gibt es immer weniger Zeugen des Unglücks. Wenn zum Fünfundachtziger-Treffen noch über fünfhundert Überlebende und Retter gekommen waren, hatten sich diesmal nur knapp zweihundert versammelt, was Mutter veranlaßte, mir während der Feierstunde zuzuflüstern: »Baldich wird kainer von ons mehr lebendich sain, nur du. Abä du willst ja nech aufschraiben, was ech diä alles schon immer erzählt hab.«

Dabei bin ich es gewesen, der ihr, lange bevor die Mauer weg war, auf Umwegen das Buch von Heinz Schön geschickt hat, zugegeben, um ihren nagenden Vorwürfen zu entkommen. Und kurz vor dem Treffen in Damp bekam sie von mir ein Taschenbuch, das drei Engländer beim Ullstein-Verlag veröffentlicht hatten. Aber auch diese, wie ich einräumen muß, zwar ziemlich sachlich, aber zu unbeteiligt geschriebene Dokumentation der Schiffskatastrophe konnte ihr nicht gefallen: »Das is mir alles nech persenlich jenug erlebt. Das kommt nich von Härzen!« Und dann sagte sie, als ich bei ihr zum Kurzbesuch auf dem Großen Dreesch war: »Na, vleicht wird mal main Konradchen eines Tags drieber was schraiben...«

Deshalb hat sie ihn nach Damp mitgenommen. Sie kam, nein, trat auf in einem knöchellangen und hochgeschlossenen Kleid, schwarzer Samt, der ihr kurzgehaltenes Weißhaar betonte. Wo sie stand oder bei Kaffee und Kuchen saß, war sie Mittelpunkt. Besonders zog sie Männer an. Das war, wie man weiß, schon immer so. Ihre Schulfreundin Jenny hat mir von all den Jungs erzählt, die während Mutters Jugendzeit regelrecht an ihr klebengeblieben sind: sie soll von Kindheit an nach Knochenleim gestunken haben; und ich

behaupte: selbst in Damp war noch ein Hauch dieses Ge-
ruches zu erahnen.

Dort waren es alte, zumeist in dunkelblaues Tuch gekleidete Herren, zwischen denen sie hager, zäh und in Schwarz
stand. Zu den beleibten Grauköpfen zählte ein ehemaliger
Kapitänleutnant und Kommandant des Torpedobootes *T 36*,
dessen Mannschaft einige hundert Schiffbrüchige gerettet
hatte, zudem ein überlebender Offizier des gesunkenen
Schiffes. Besonders aber war die Erinnerung an Mutter bei
Besatzungsmitgliedern des Torpedobootes *Löwe* frisch geblieben. Mir kam es vor, als hätten die Herren auf sie gewartet.
Sie umringten Mutter, die sich andeutungsweise mädchen-
haft gab, und kamen nicht von ihr weg. Ich hörte sie kichern,
sah, wie sie mit verschränkten Armen Position einnahm.
Doch nicht mehr von mir und meiner Geburt zur Stunde des
Untergangs wurde geredet, vielmehr ging es um Konny.
Mutter stellte den betagten Herren meinen Sohn vor, als
wäre er ihr eigener; und ich hielt Distanz, wollte nicht befragt, womöglich von den *Löwe*-Veteranen gefeiert werden.

Aus einiger Distanz fiel auf, daß sich Konny, den ich als
eher schüchternen Jungen kannte, überaus selbstbewußt in
der ihm von Mutter zugedachten Rolle bewegte, knapp, aber
deutlich Antwort gab, Fragen stellte, konzentriert zuhörte,
ein jungenhaftes Lachen riskierte und sogar für Fotos still-
hielt. Mit seinen annähernd fünfzehn Jahren – im März
würde es soweit sein – wirkte er keine Spur kindlich, vielmehr reif für Mutters Absicht, ihn ganz und gar zum Mitwis-
ser des Unglücks und – wie sich zeigen sollte – Verkünder
der Legende eines Schiffes zu machen.

Fortan drehte sich alles um ihn. Obgleich ja beim Treffen
der Überlebenden jemand dabei war, der am Vortag des
Unterganges auf der *Gustloff* geboren wurde, und ihm wie

mir vom Autor Schön persönlich ein Buch übergeben worden ist – die Mütter wurden auf der Bühne mit Blumen-
sträußen geehrt –, kam es mir vor, als geschehe das alles, um
meinen Sohn in die Pflicht zu nehmen. In ihn setzte man
Hoffnung. Von unserem Konny wurde Zukünftiges erwartet. Er, war man sich sicher, werde die Überlebenden nicht
enttäuschen.

Mutter hatte ihn in einen dunkelblauen Anzug gesteckt,
zu dem ihm eine collegemäßige Krawatte verordnet worden
war. Mit Brille und Lockenhaar wirkte er wie eine Mischung
aus Konfirmand und Erzengel. Er trat auf, als habe er
eine Mission zu verbreiten, als werde er demnächst etwas
Erhabenes verkünden, als sei ihm eine Erleuchtung zuteil
geworden.

Ich weiß nicht, auf wessen Vorschlag Konrad beim Gedenkgottesdienst, der zur Stunde, als die Torpedos das Schiff
trafen, abgehalten wurde, jene neben dem Altar aufgehängte
Gongglocke anschlagen sollte, die von polnischen Tauchern
Ende der siebziger Jahre vom achteren Oberdeck des Wracks
geborgen worden war. Nun, anläßlich des Treffens der Überlebenden, hatte die Besatzung des Bergungsbootes *Szkwal*
den Fund als Zeichen polnisch-deutscher Annäherung überreicht. Aber es ist dann doch Herr Schön gewesen, der zum
Abschluß des Gedenkgottesdienstes dreimal die Glocke mit
dem Hammer anschlagen durfte.

Der Zahlmeisterassistent auf der *Gustloff* zählte achtzehn, als
das Schiff sank. Ich will nicht verschweigen, daß man ihm,
der beinahe alles gesammelt und erforscht hat, was nach
dem Unglück ausfindig zu machen war, in Damp wenig
Dankbarkeit zeigte. Als er zu Beginn der Feierlichkeiten seinen Vortrag zum Thema »Die Versenkung der *Wilhelm Gust-*

loff am 30. Januar 1945 aus der Sicht der Russen« hielt und im Verlauf der Rede deutlich wurde, wie oft er bei seinen Recherchen die Sowjetunion besucht hatte und dabei sogar einem Bootsmann des U-Bootes *S13* begegnet war, mehr noch, mit jenem Wladimir Kourotschkin, der auf Befehl seines Kommandanten die drei Torpedos auf den Weg gebracht hatte, in freundschaftlicher Verbindung stand, sogar mit dem alten Mann beim Händeschütteln fotografiert worden war, habe er, wie es bei Heinz Schön später zurückhaltend hieß, »einige Freunde verloren«.

Man schnitt ihn nach dem Vortrag. Vielen Zuhörern galt er fortan als Russenfreund. Für sie hatte der Krieg nie aufgehört. Für sie war der Russe der Iwan, die drei Torpedos Mordwaffen. Für Wladimir Kourotschkin jedoch ist das aus seiner Sicht namenlos sinkende Schiff vollbeladen mit Nazis gewesen, die sein Heimatland überfallen und beim Rückzug nur verbrannte Erde hinterlassen hatten. Erst durch Heinz Schön erfuhr er, daß nach der Torpedierung mehr als viertausend Kinder ertrunken, erfroren sind oder mit dem Schiff in die Tiefe gerissen wurden. Von diesen Kindern soll der Bootsmann noch lange und in Wiederholungen geträumt haben.

Daß Heinz Schön dann doch den geborgenen Schiffsgong anschlagen durfte, wird die ihm zugefügte Kränkung ein wenig gemildert haben. Mein Sohn aber, der den Torpedoschützen, vereint auf einem Foto mit dem *Gustloff*-Forscher, auf seiner Homepage aller Welt vorgestellt hat, kommentierte dieses Detail einer nachwirkend völkerverbindenden Tragödie mit dem Hinweis auf die Herkunft des so treffsicheren U-Bootes, indem er die »Qualität deutscher Wertarbeit« betonte und sich zu der Behauptung verstieg: Nur dank eines nach deutschen Konstruktionsplänen gebauten Bootes seien die Sowjets auf Höhe der Stolpebank zum Erfolg gekommen.

Und ich? Nach dem Gedenkgottesdienst habe ich mich zum nachtdunklen Strand verdrückt. Lief auf und ab. Allein und gedankenleer. Da kein Wind ging, schlug auch die Ostsee nur matt und nichtssagend an.

5

Das nagt an dem Alten. Eigentlich, sagt er, wäre es Aufgabe seiner Generation gewesen, dem Elend der ostpreußischen Flüchtlinge Ausdruck zu geben: den winterlichen Trecks gen Westen, dem Tod in Schneewehen, dem Verrecken am Straßenrand und in Eislöchern, sobald das gefrorene Frische Haff nach Bombenabwürfen und unter der Last der Pferdewagen zu brechen begann, und trotzdem von Heiligenbeil aus immer mehr Menschen aus Furcht vor russischer Rache über endlose Schneeflächen... Flucht... Der weiße Tod... Niemals, sagt er, hätte man über so viel Leid, nur weil die eigene Schuld übermächtig und bekennende Reue in all den Jahren vordringlich gewesen sei, schweigen, das gemiedene Thema den Rechtsgestrickten überlassen dürfen. Dieses Versäumnis sei bodenlos...

Doch nun glaubt der alte Mann, der sich müdegeschrieben hat, in mir jemanden gefunden zu haben, der an seiner Stelle – »stellvertretend«, sagt er – gefordert sei, über den Einfall der sowjetischen Armeen ins Reich, über Nemmersdorf und die Folgen zu berichten. Stimmt, ich suche Wörter. Doch nicht er, Mutter zwingt mich. Und nur ihretwegen mischt sich der Alte ein, gleichfalls gezwungen von ihr, mich zu zwingen, als dürfe nur unter Zwang geschrieben werden, als könne auf diesem Papier nichts ohne Mutter geschehen.

Er will sie als ein unfaßbares, durch kein Urteil dingfest zu machendes Wesen gekannt haben. Er wünscht sich eine Tulla von gleichbleibend diffuser Leuchtkraft und ist nun enttäuscht. Niemals, höre ich, hätte er gedacht, daß sich die überlebende Tulla Pokriefke in solch banale Richtung, etwa zur Parteifunktionärin und stramm das Soll erfüllenden Aktivistin entwickeln würde. Eher wäre von ihr Anarchistisches, eine irrationale Tat, so etwas wie ein durch nichts zu motivierender Bombenanschlag zu erwarten gewesen oder eine im kalten Licht erschreckende Einsicht. Schließlich, sagt er, sei es die halbwüchsige Tulla gewesen, die in Kriegszeiten und also inmitten willentlich Blinder abseits der Flakbatterie Kaiserhafen eine weißlich gehäufte Masse als menschliches Gebein erkannt, laut den Knochenberg genannt habe: »Das issen Knochenberj!«

Der Alte kennt Mutter nicht. Und ich? Kenne ich sie? Allenfalls hat Tante Jenny, die einmal zu mir gesagt hat: »Im Grunde ist meine Freundin Tulla nur als verhinderte Nonne zu begreifen, als stigmatisierte natürlich...«, eine Ahnung von ihrem Wesen oder Unwesen. Doch soviel stimmt: Mutter ist nicht zu fassen. Selbst als Parteikader war sie nicht auf Linie zu bringen. Und als ich in den Westen wollte, hat sie bloß »Na, von mir aus mach rieber« gesagt und mich nicht verpfiffen, weshalb man sie in Schwerin ziemlich unter Druck gesetzt hat; sogar der Staatssicherheitsdienst soll bei ihr angeklopft haben, mehrmals, ohne nachweislichen Erfolg...

Damals war ich ihr Hoffnungsträger. Doch als aus mir kein Funken zu schlagen war und nur Zeit verpuffte, begann sie – kaum war die Mauer weg – meinen Sohn zu kneten. Erst zehn oder elf war Konny, als er seiner Großmutter in die Finger fiel. Und seit dem Treffen der Überlebenden in Damp, wo ich nur eine Null am Rande gewesen bin, er aber Kronprinz wurde, hat sie ihn mit Flüchtlingsgeschichten, Greuelgeschichten, Vergewaltigungsgeschichten vollgepumpt, die sie zwar nicht leibhaftig erlebt hatte, die aber, seitdem im Oktober vierundvierzig russische Panzer über die östliche Reichsgrenze gerollt und in die Landkreise Goldap und Gumbinnen vorgestoßen waren, überall erzählt und verbreitet wurden, auf daß Schrecken um sich griff.

So wird, so kann es gewesen sein. So ungefähr ist es gewesen. Als wenige Tage nach dem Vorstoß der sowjetischen II. Gardearmee die Ortschaft Nemmersdorf von Einheiten der deutschen 4. Armee zurückerobert wurde, war zu riechen, zu sehen, zu zählen, zu fotografieren und für alle Kinos im Reich als Wochenschau zu filmen, wie viele Frauen von russischen Soldaten vergewaltigt, danach totgeschlagen, an Scheunentore genagelt worden waren. T-34-Panzer hatten Flüchtende eingeholt und zermalmt. Erschossene Kinder lagen in Vorgärten und Straßengräben. Sogar französische Kriegsgefangene, die nahe Nemmersdorf in der Landwirtschaft hatten arbeiten müssen, sind liquidiert worden, vierzig an der Zahl, wie es hieß.

Diese und weitere Einzelheiten fand ich unterm mittlerweile geläufigen Signum im Internet. Zudem stand in Übersetzung ein angeblich von dem russischen Schriftsteller Ilja Ehrenburg verfaßter Appell zu lesen, nach dessen Wortlaut alle russischen Soldaten aufgerufen wurden, zu morden, zu vergewaltigen, Rache zu nehmen für das von den faschistischen Bestien verwüstete Vaterland, für »Mütterchen Rußland«. Unter der Chiffre »www.blutzeuge.de« klagte mein nur mir kenntlicher Sohn in der Sprache der damals offiziellen Verlautbarungen: »Das taten russische Untermenschen wehrlosen deutschen Frauen an...« – »So wütete die russische Soldateska...« – »Dieser Terror droht immer noch ganz Europa, falls gegen die asiatische Flut kein Damm errichtet wird . . . « Als Zugabe hatte er ein CDU-Wahlplakat der fünfziger Jahre eingescannt, das ein gefräßiges Ungeheuer asiatischen Typs zur Schau stellte.

Im Netz verbreitet und von weiß nicht wie vielen Usern runtergeladen, lasen sich diese Sätze und bebilderten Satzfolgen wie auf gegenwärtiges Geschehen gemünzt, wenngleich das ohnmächtig zerfallende Rußland oder die Greuel auf dem Balkan und im afrikanischen Ruanda nicht benannt wurden. Um sein jeweils neuestes Programm zu illustrieren, genügten meinem Sohn die Leichenfelder der Vergangenheit; die trugen, gleich wer sie bestellt hatte, jederzeit Frucht.

Mir bleibt nur zu sagen, daß in jenen Tagen, als Nemmersdorf zum Inbegriff alles Schrecklichen wurde, die eingeübte Verachtung des Russischen in Angst vor den Russen umschlug. Die über die zurückeroberte Ortschaft verbreiteten Zeitungsberichte, Radiokommentare, Wochenschaubilder lösten in Ostpreußen eine Massenflucht aus, die sich ab Mitte Januar, vom Beginn der sowjetischen Großoffensive an, zur Panik steigerte. Mit der Flucht auf dem Landweg begann das Sterben am Straßenrand. Ich kann es nicht beschreiben. Niemand kann das beschreiben. Nur soviel: Ein Teil der Flüchtlinge erreichte die Hafenstädte Pillau, Danzig und Gotenhafen. Hunderttausende versuchten, auf dem Schiffsweg dem immer näher rückenden Schrecken zu entkommen. Hunderttausende – Statistiken weisen über zwei Millionen westwärts gerettete Flüchtlinge aus – drängten an Bord von Kriegs-, Passagier- und Handelsschiffen; so wurde auch die an Gotenhafens Oxhöft-Kai seit Jahren festliegende *Wilhelm Gustloff* bedrängt.

Ich wünschte, ich könnte es mir so einfach machen wie mein Sohn, der auf seiner Website verkündete: »In Ruhe und Ordnung nahm das Schiff die vor der russischen Bestie fliehenden Mädchen und Frauen, Mütter und Kinder auf...« Warum unterschlug er die gleichfalls eingeschifften tausend U-Bootmatrosen und dreihundertsiebzig Marinehelferinnen, desgleichen die Bedienungsmannschaften der eilig aufmontierten Flakgeschütze? In einem Nebensatz erwähnte er zwar, daß zu Beginn und gegen Schluß auch Verwundete an Bord gebracht wurden – »Unter ihnen waren Kämpfer von der Kurlandfront, die noch immer dem Anprall der roten Flut standhielt...« –, doch als er die Umrüstung des Kasernenschiffes in einen seetüchtigen Transporter zu schildern begann, zählte er zwar akribisch auf, wie viele Zentner Mehl und Trockenmilch, welche Anzahl geschlachteter Schweine an Bord kamen, verschwieg aber kroatische Kriegsfreiwillige, die schlecht ausgebildet die Schiffsbesatzung ergänzen mußten. Nichts über unzureichendes Funkgerät. Nichts über die Übung für den Katastrophenfall: »Schotten schließen!« Verständlich, daß er die vorsorgliche Einrichtung einer Entbindungsstation herausstrich, aber was hinderte ihn, den Zustand seiner damals hochschwangeren Großmutter auch nur anzudeuten? Und kein Wort über die fehlenden zehn Rettungsboote, die zur Vernebelung des Hafens bei Luftangriffen abkommandiert und durch Ruderboote mit geringem Fassungsvermögen sowie eilig gestapelte und festgezurrte Rettungsflöße aus gepreßtem Kapok ersetzt worden waren. Nur als Flüchtlingsschiff sollte die *Gustloff* den Internet-Usern bekannt gemacht werden.

Warum log Konny? Warum beschwindelte der Junge sich und andere? Warum wollte er, der sonst so penible Detailkrämer, dem das Schiff seit KdF-Zeiten bis in den Wellentunnel und hintersten Winkel der Bordwäscherei begehbar war, nicht zugeben, daß weder ein Rotkreuztransporter noch ein ausschließlich mit Flüchtlingen beladener Großfrachter am Kai lag, sondern ein der Kriegsmarine unterstelltes, bewaffnetes Passagierschiff, in das unterschiedlichste Fracht gepfercht wurde? Warum leugnete er, was seit Jahren gedruckt vorlag und selbst von den Ewiggestrigen kaum mehr bestritten wurde? Wollte er ein Kriegsverbrechen konstruieren und mit der geschönten Version des tatsächlichen Geschehens den Glatzen in Deutschland und sonstwo imponieren? War sein Bedürfnis nach einer sauberen Opferbilanz so dringlich, daß auf seiner Website nicht einmal des zivilen Kapitäns Petersen militärischer Gegenspieler, Korvettenkapitän Zahn, samt seinem Schäferhund auftreten durfte?

Kann nur ahnen, was Konny zum Schummeln bewogen haben mag: der Wunsch nach einem ungetrübten Feindbild. Die Geschichte mit dem Hund jedoch hat mir als Tatsache Mutter geliefert; sie ist ja als Kind schon auf Schäferhunde fixiert gewesen. Zahn hatte seinen Hassan seit Jahren an Bord. Ob auf Deck oder in der Offiziersmesse, überall trat er mit Hund auf. Mutter sagte: »Das konnt man von unten, wo wir jewartet ham, aber nech raufdurften, jenau sehn, wie oben son Käpten anne Reling mit sainem Gissert jestanden is ond auf ons Flichtlinge runterjeguckt hat. Der sah fast jenau wie onser Harras aus...«

Sie wußte, wie es auf der Kaianlage zuging: »Ain Jedränge war das ond ain ainzijes Durcheinander. Erst ham se alle, die ieber die Treppe raufkamen, noch ordentlich aufjeschrieben, aber denn gab's kain Papier mehr...« So wird die Zahl auf immer ungewiß bleiben. Doch was sagen Zahlen? Zahlen stimmen nie. Immer muß man den Rest schätzen. Registriert wurden sechstausendsechshundert Personen, unter ihnen rund fünftausend Flüchtlinge. Doch ab dem 28. Januar drängten weitere Massen, die nicht mehr abgezählt wurden, treppauf. Waren es zwei- oder dreitausend, die ohne Nummer und namenlos blieben? Etwa so viele Essenskarten sind von der Schiffsdruckerei zusätzlich gedruckt und von den zum Hilfsdienst abkommandierten Marinehelferinnen verteilt worden. Auf paar hundert mehr oder weniger kam und kommt es in solchen Fällen nicht an. Genaues weiß keiner. So kennt man nicht die Zahl der Kinderwagen, die in den Frachträumen verstaut wurden; und zu schätzen ist nur, daß am Ende an die viereinhalbtausend Säuglinge, Kinder, Jugendliche an Bord waren.

Schließlich, als nichts mehr ging, sind doch noch weitere Verwundete und ein letzter Trupp Marinehelferinnen eingeschifft worden, junge Mädchen, die, weil keine Kabinen mehr frei und alle Säle als Matratzenlager belegt waren, im trockengelegten Schwimmbad einquartiert wurden, also im E-Deck unterhalb der Wasserlinie.

Diese Lokalisierung muß hier wiederholt und betont erwähnt werden, weil sich mein Sohn über alles, was die Marinehelferinnen und die Todesfalle Schwimmbad betraf, ausschwieg. Nur als er sich auf seiner Website generell über Vergewaltigungen verbreitete, schwärmte er regelrecht von »blutjungen Maiden, deren Unschuld auf dem Schiff vorm Zugriff der russischen Bestie geschützt werden sollte...«

Als mir dieser Blödsinn geboten wurde, bin ich wieder einmal, ohne mich allerdings als Vater kenntlich zu machen, aktiv geworden. Ließ, als sein Chatroom offen war, meinen Einwurf los: »Deine hilfsbedürftigen Maiden steckten in Uniformen, in hübschen sogar. Trugen knielang graublaue Röcke und knapp sitzende Jacken. Leicht schräg saßen Feldmützen mit Hoheitsadler samt Hakenkreuz auf ihren Frisuren. Die waren alle, ob noch unschuldig oder nicht, militärisch gedrillt und auf ihren Führer vereidigt...«

Doch mein Sohn wollte mit mir nicht kommunizieren. Allenfalls mit seinem erfundenen Streitpartner, den er wie ein Rassist aus dem Bilderbuch belehrte: »Als Jude wird es dir ewig unbegreiflich bleiben, wie sehr mich die Schändung deutscher Mädchen und Frauen durch Kalmücken, Tataren und sonstige Mongolen immer noch schmerzt. Aber was wißt ihr Juden schon von der Reinheit des Blutes!«

Nein, das konnte ihm nicht Mutter eingetrichtert haben. Oder doch? Mir hat sie einmal, als ich ihr auf dem Großen Dreesch meinen ziemlich objektiven Artikel über den Streit ums Berliner Holocaust-Denkmal auf den Kaffeetisch legte, erzählt, daß sich auf dem Tischlereihof ihres Onkels jemand, »son dicker Bengel mit Sommersprossen«, hatte blicken lassen, der den an der Kette liegenden Hund annähernd ähnlich gezeichnet haben soll: »Das war ain Itzich, dem immer so komische Sachen einjefallen sind. Is aber nur ain halber jewesen, wie main Papa jewußt hat. Hat er noch laut jesagt, bevor er den Itzich, Amsel hieß der, von onserm Hof jeschmissen hat ... «

Am Vormittag des Dreißigsten gelang es Mutter, mit ihren Eltern an Bord zu kommen. »Auffen letzten Dricker sind wir noch rauf ... « Dabei ging ein Teil des Gepäcks verloren. Mittags kam der Befehl für die *Gustloff*, Anker zu lichten und abzulegen. Auf dem Kai blieben Hunderte zurück.

»Fier Mama und Papa war ech natierlich ne Schande mit maim dicken Bauch. Immer wenn wer von die andern Flichtlinge nach miä jefragt hat, hädd Mama jesagt: ›Ihr Verlobter kämpft anne Front.‹ Oder: ›Aijentlich sollt es ne Ferntrauung jeben mit ihrem Verlobten, der anne Westfront kämpft. Wenner nur nech jefallen is.‹ Aber zu miä ham se immer nur von Schande jered. War ja man gut so, dasse ons auffem

Schiff glaich jetrennt ham. Mama ond Papa mußten janz nach unten im Schiffsbauch rain, wo noch bißchen Platz war. Ech kam nach oben auf Schwangerenstation...«

Doch soweit war es noch nicht. Wieder einmal muß ich rückwärts krebsen, um voranzukommen: noch am Vortag – und dann eine lange Nacht über – hatten die Pokriefkes auf ihren zu vielen Koffern und Bündeln gesessen, inmitten einer Menge Flüchtlinge, von denen die meisten vom langen Treck erschöpft waren. Von der Kurischen Nehrung, dem Samland, aus Masuren stammten sie. Ein letzter Schub war aus dem näher gelegenen Elbing geflüchtet, das von sowjetischen Panzern überrollt worden war, aber noch immer umkämpft zu sein schien. Auch drängten sich mehr und mehr Frauen und Kinder aus Danzig, Zoppot und Gotenhafen zwischen Pferde-, Leiter-, Kinderwagen und den vielen Schlitten. Mutter hat mir von herrenlosen Hunden erzählt, die, weil sie nicht an Bord durften, hungrig die Kaianlagen unsicher machten. Die ostpreußischen Bauernpferde hatte man ausgeschirrt und in der Stadt entweder Wehrmachtseinheiten überlassen oder dem Schlachthof zugeführt. Genau wußte Mutter das nicht. Außerdem taten ihr nur die Hunde leid: »Immerzu jeheult ham die inne Nacht wie Welfe...«

Als die Pokriefkes die Elsenstraße verließen, weigerten sich die ihnen verwandten Liebenaus, dem Rest der Hilfsarbeiterfamilie mit Fluchtgepäck zu folgen. Zu sehr hing der Tischlermeister an seinen Hobelbänken, der Kreis- und Bandsäge, dem Gleichrichter, dem Vorrat Langholz im Schuppen und an dem Mietshaus Nr. 19, dessen Eigentümer er war. Seinem Sohn Harry, den Mutter zeitweilig als meinen möglichen Vater ins Spiel gebracht hat, war bereits im Herbst des Vorjahres der Einberufungsbefehl zugestellt worden. Irgendwo, an einer der vielen rückläufigen Fronten wird er Funker oder Panzergrenadier gewesen sein.

Nach dem Krieg erfuhr ich, daß die Polen meinen womöglichen Großvater und dessen Frau, wie alle zurückgebliebenen Deutschen, nach Kriegsende ausgewiesen hatten. Es hieß, beide seien im Westen, wahrscheinlich in Lüneburg, bald und kurz nacheinander gestorben, er wahrscheinlich aus Kummer um seine verlorene Tischlerei und die vielen im Keller des Mietshauses lagernden Fenster- und Türbeschläge. Der Hofhund, in dessen Hütte Mutter als Kind eine Woche lang gewohnt haben will, lebte schon lange nicht mehr; vor Kriegsbeginn soll ihn jemand – sie sagt, »ain Kumpel von dem Itzich« – vergiftet haben.

Es ist anzunehmen, daß die Pokriefkes mit einem der letzten Schübe an Bord gekommen sind, zugelassen, weil ihre Tochter sichtlich schwanger war. Nur mit August Pokriefke hätte es Schwierigkeiten geben können. Die auf der Kaianlage kontrollierende Feldpolizei hätte ihn als tauglich für den Volkssturm aussortieren können. Doch da er, wie Mutter sagte, »sowieso nur ne halbe Portion war«, konnte er sich durchmogeln. Zum Schluß waren die Kontrollen ohnehin durchlässig. Chaotisch ging es zu. Kinder sind ohne Mütter aufs Schiff gekommen. Und Mütter haben erleiden müssen, wie in dem Gedränge auf der Gangway ihr Kind von der Hand weggerissen, über den Rand gestoßen wurde und zwischen Schiffswand und Kaimauer im Hafenwasser verschwand. Da half kein Schreien.

Vielleicht hätten die Pokriefkes auch auf den Dampfern *Oceana* und *Antonio Delfino* Platz finden können, so überbelegt sie mit Flüchtlingen waren. Beide Schiffe lagen gleichfalls am Kai Gotenhafen-Oxhöft, dem, wie man sagte, »Kai der guten Hoffnung«; und diese zwei mittelgroßen Transporter haben auch ihre Zielhäfen Kiel und Kopenhagen glücklich erreicht. Aber Erna Pokriefke wollte »ums Verrecken« auf die *Gustloff,* weil für sie so viele heitere Erinnerungen an eine KdF-Reise in die norwegischen Fjorde mit dem damals weiß schimmernden Motorschiff verbunden waren. Ins Flüchtlingsgepäck verstaut hatte sie das Fotoalbum, in dem sich auch Schnappschüsse von der Urlaubsreise befanden.

Erna und August Pokriefke werden das Schiffsinnere kaum wiedererkannt haben, denn alle Fest- und Speisesäle, die ausgeräumte Bibliothek, der Trachtensaal und die Musikhalle waren – nun ganz ohne Bildschmuck – zu lärmigen Matratzenlagern verkommen. Sogar das verglaste Promenadendeck und die Gänge waren drangvoll belegt. Da Tausende Kinder, gezählte wie ungezählte, zur menschlichen Fracht gehörten, mischte sich deren Geschrei mit Lautsprecherdurchsagen: ständig wurden die Namen verirrter Jungen und Mädchen ausgerufen.

Man hat Mutter, als die Pokriefkes unregistriert an Bord kamen, von ihren Eltern getrennt. Das entschied eine Krankenschwester. Ungewiß blieb, ob das Ehepaar von den Aufsicht übenden Marinehelferinnen in eine schon belegte Kabine gezwängt worden ist oder ob es mit restlichem Gepäck inmitten der Massenlager Platz gefunden hat. Tulla Pokriefke sollte das Fotoalbum und ihre Eltern nie wiedersehen. Das schreibe ich in dieser Reihenfolge auf, weil mir sicher zu sein scheint, daß der Verlust des Fotoalbums für Mutter besonders schmerzhaft gewesen ist, denn mit ihm sind alle Aufnahmen, geknipst mit der familiären Kodak-Box, verlorengegangen, auf denen sie mit ihrem Bruder Konrad, dem Lockenköpfchen, auf dem Zoppoter Seesteg, mit ihrer Schulfreundin Jenny und deren Adoptivvater, dem Studienrat Brunies, vorm Gutenbergdenkmal im Jäschkentaler

Wald sowie mehrmals mit Harras, dem rassenreinen Schäferhund und berühmten Zuchtrüden, zu sehen gewesen war.

Mutter sprach immer vom achten Monat der Schwangerschaft, wenn es in ihren Endloserzählungen um die Zeit der Einschiffung ging. Wahrscheinlich war es der achte. In welchem Monat auch immer, sie wurde in die Entbindungs- und Wöchnerinnenstation eingewiesen. Die befand sich neben der sogenannten Laube, in der dicht bei dicht Schwerverwundete stöhnten. Die Laube war während KdF-Zeiten als eine Art Wintergarten bei Urlaubsreisenden beliebt gewesen und lag unterhalb der Kommandobrücke. Dr. Richter, dem obersten Sanitätsoffizier der 2. Unterseeboot-Lehrdivision, unterstand als Schiffsarzt die Laube wie auch die Station für Schwangere und Wöchnerinnen. Jedesmal, wenn Mutter mir von der Einschiffung erzählt hat, sagte sie: »Da warres warm ändlich. Ond haiße Milch hab ech och glaich jekriegt, mitt nem Klacks Honig drin...«

Es muß auf der Wöchnerinnenstation normaler Betrieb geherrscht haben. Seit Beginn der Einschiffung waren vier Säuglinge geboren worden, »lauter Bengels«, wie ich zu hören bekam.

Man behauptet, zu ihrem Unglück habe die *Wilhelm Gustloff* zu viele Kapitäne an Bord gehabt. Mag sein. Aber die *Titanic* hatte nur einen, und trotzdem ging es gleich auf der Jungfernfahrt schief. Jedenfalls sagte Mutter, sie habe sich vor dem Auslaufen des Schiffes mal kurz die Beine vertreten wollen und sei dabei, ohne von der Wache aufgehalten zu werden – »Ain Stock rauf nur« –, auf die Kommandobrücke geraten, »wo son oller Seebär mit nem andern, der ain Spitzbart jehabt hat, mächtich Strait jekriegt hat...«

Der Seebär ist Kapitän Friedrich Petersen gewesen, ein Mann der zivilen Seefahrt, der in Friedenszeiten mehrere Passagierschiffe, so auch für kurze Zeit die *Gustloff*, unter seinem Kommando gehabt hatte und der nach Kriegsbeginn als Blockadebrecher in englische Gefangenschaft geraten war. Dann aber wurde er seines Alters wegen als kriegsuntauglich eingestuft und nachdem er sich mit schriftlicher Erklärung verpflichtet hatte, nie wieder als Kapitän auf Seefahrt zu gehen, nach Deutschland abgeschoben. Deshalb hatte man ihn, einen Mittsechziger, als »Liegekapitän« auf der »schwimmenden Kaserne« am Oxhöft-Kai eingesetzt.

Der mit dem Spitzbart kann nur Korvettenkapitän Wilhelm Zahn gewesen sein, der ständig seinen Schäferhund Hassan bei Fuß hatte. Der ehemalige, nur mäßig erfolgreiche U-Bootkommandant galt als militärischer Transportleiter des mit Flüchtlingen überladenen Schiffes. Zudem standen als Entlastung des alten Kapitäns, dem inzwischen Praxis auf See fehlte, zwei junge, aber im Bereich der Ostsee erfahrene Kapitäne auf der Brücke, die Köhler und Weller hießen. Beide waren von der Handelsmarine übernommen worden und wurden deshalb von den Kriegsmarineoffizieren, Zahn voran, ziemlich herablassend behandelt: man aß in verschiedenen Offiziersmessen und kam nur bemüht ins Gespräch.

So bündelten sich auf der Brücke Gegensätze, aber auch die gemeinsame Verantwortung für des Schiffes schwer zu bestimmende Fracht: einerseits war es ein Truppentransporter, andererseits ein Flüchtlings- und Lazarettschiff. Mit ihrem grauen Kriegsanstrich bot die *Gustloff* ein nicht eindeutig zu definierendes Ziel. Noch lag sie im Hafenbecken geschützt, wenn man von möglichen Luftangriffen absah. Noch war der vorgegebene Streit zwischen den zu vielen Kapitänen nicht ausgereizt. Noch ahnte ein weiterer Kapitän nichts von dem mit Kindern und Soldaten, Müttern und Marinehelferinnen beladenen und mit Flakgeschützen bestückten Schiff.

Bis Ende Dezember hatte *S 13* im Dock des Smolny-Stützpunktes der baltischen Rotbannerflotte gelegen. Als das Boot überholt, aufgetankt, verproviantiert und mit Torpedos versorgt war, hätte es auslaufen und auf Feindfahrt gehen sollen, doch fehlte der Kommandant.

Alkohol und Frauen hinderten Alexander Marinesko, seinen Landgang abzubrechen und rechtzeitig vor Beginn der großen Offensive, die das Baltikum und Ostpreußen aufrollen sollte, an Bord seines Bootes zu sein. Es heißt, Pontikka, ein finnischer, aus Kartoffeln destillierter Schnaps, habe ihn aus dem Lot und um jegliche Erinnerung gebracht. Die Suche nach ihm in Bordellen und sonstigen, der Militärpolizei bekannten Absteigen blieb erfolglos; dem Boot fehlte der Kapitän.

Erst am 3. Januar meldete sich Marinesko ausgenüchtert in Turku zurück. Sogleich wurde er vom NKWD ins Verhör genommen und unter Spionageverdacht gestellt. Da er alle Stationen seines überdehnten Landgangs vergessen hatte, konnte er zu seiner Verteidigung nichts außer Gedächtnislücken vorweisen. Schließlich gelang es seinem Vorgesetzten, dem Kapitän 1. Klasse Orjel, mit dringlichem Hinweis auf des Genossen Stalin jüngsten Einsatzbefehl die Einberufung eines Kriegsgerichtes zu verschieben. Er verfügte nur über wenige erprobte Kommandanten und wollte die Kampfkraft seines Verbandes nicht schmälern lassen. Als sogar die Mannschaft von *S 13* mit einem Gnadengesuch zugunsten ihres Kapitäns in das schwebende Verfahren eingriff und aus Sicht des NKWD der Beginn einer Meuterei vermutet werden konnte, befahl Orjel dem nur bei Landgang unzuverlässigen U-Bootkommandanten sofort nach Hangö auszulaufen, dessen Hafen *S 13* eine Woche später verließ. Eisbrecher hatten die Fahrrinne freigelegt. Das Boot sollte an der schwedischen Insel Gotland vorbei Kurs auf die baltische Küste nehmen.

Nun gibt es diesen Film in Schwarzweiß, der Ende der fünfziger Jahre gedreht wurde. Er heißt »Nacht fiel über Gotenhafen« und ist mit Stars wie Brigitte Horney und Sonja Ziemann besetzt. Der Regisseur, ein Deutschamerikaner namens Frank Wisbar, der zuvor einen Stalingradfilm gedreht hatte, ließ sich von dem *Gustloff*-Spezialisten Heinz Schön beraten. Im Osten nicht zur Aufführung freigegeben, lief der Film mit mäßigem Erfolg nur im Westen und ist, wie das Unglücksschiff, vergessen und allenfalls Ablagerung in Archiven.

Mit Mutters Freundin Jenny Brunies, bei der ich damals als Oberschüler in Westberlin wohnte, habe ich auf ihr Drängen hin – »Meine Freundin Tulla hat mich wissen lassen, wie sehr sie sich unseren gemeinsamen Kinobesuch wünscht« – den Streifen gesehen und war ziemlich enttäuscht. Die Handlung lief nach immer der gleichen Masche ab. Wie bei allen *Titanic*-Filmen mußte auch beim verfilmten *Gustloff*-Untergang eine verquälte, zum Schluß hin heroische Liebesgeschichte als Zusatzstoff und Füllmasse herhalten, als wäre das Sinken eines überbelegten Schiffes nicht spannend, der tausendfache Tod nicht tragisch genug.

Eine Beziehungskiste in Kriegszeiten. In »Nacht fiel über Gotenhafen« geben, nach viel zu langem Vorspiel in Berlin, Ostpreußen und sonstwo, ein Soldat an der Ostfront als betrogener Ehemann und späterer Schwerverwundeter auf dem Schiff, die ungetreue Ehefrau mit Säugling, die sich aufs Schiff retten konnte, als hin- und hergerissene Reizfigur und ein leichtlebiger Marineoffizier als Ehebrecher, Vater und Retter des Säuglings das Personal der Dreiecksgeschichte ab. Zwar hat Tante Jenny, während der Film lief, an bestimmten Stellen weinen können, aber als sie mich hinterher zu meinem ersten Pernod in die Paris-Bar einlud, sagte sie: »Deine liebe Mutter hätte an dem Film wohl kaum Gefallen gefunden, weil vor wie auch nach dem Untergang des Schiffes keine einzige Geburt gezeigt worden ist . . . « Und dann sagte sie noch: »Eigentlich kann man so etwas Schreckliches gar nicht verfilmen.«

Ganz sicher bin ich, daß Mutter keinen Geliebten an Bord gehabt hat und auch keinen meiner möglichen Väter. Mag sein, daß sie, wie es ihre Art war und geblieben ist, selbst im hochschwangeren Zustand männliches Schiffspersonal anzuziehen verstand: sie verfügt nun mal über einen inwendigen Magneten, den sie »ain jewisses Etwas« nennt. So soll, kaum daß die Anker gelichtet waren, einer der Marinerekruten und zukünftigen U-Bootfahrer – »Son blasser Bengel mit ieberall Pickel im Jesicht« – die Schwangere aufs oberste Deck begleitet haben. Innere Unruhe hatte sie auf die Beine gebracht. Der Matrose wird, schätze ich, in Mutters Alter gewesen sein, siebzehn oder knapp achtzehn, als er sie übers spiegelglatte, weil vereiste Sonnendeck sorgsam am Arm führte. Und dann hat Mutter mit ihrem Blick, der nichts ausläßt, gesehen, daß die Davits, Blöcke und Halterungen der backbord und steuerbord festgezurrten Rettungsboote und deren über Rollen geführtes Tauwerk vereist waren.

Wie oft habe ich ihren Satz gehört: »Wie ech das jesehn hab, ist mir janz mulmich jeworden«? Und in Damp, als sie schwarz und schmal von alten Herren umringt stand und

mein Sohn Konrad von ihr in die verengte Welt der Überlebenden eingeführt wurde, hörte ich sie sagen: »Da is miä
klar jeworden, daß wejen Veraisung mit Rettung nuscht werden konnt. Runterjewollt hab ech von dem Kahn. Hab och
jeschrien wie dammlich. War aber zu spät schon ... «

Davon hat der Film, den ich mit Tante Jenny in einem
Kino in der Kantstraße gesehen habe, nichts gezeigt, keine
Eisklumpen auf den Davits der Rettungsboote, keine vereiste Reling, nicht mal Eisschollen im Hafenbecken. Dabei
steht nicht nur bei Schön, sondern auch im Taschenbuch-
bericht der Engländer Dobson, Miller, Payne, daß am
30. Januar 1945 eisige Kälte herrschte: 18 Grad unter Null.
Eisbrecher hatten in der Danziger Bucht eine Fahrrinne
räumen müssen. Schwere See und Sturmböen waren vorausgesagt.

Wenn ich mich trotzdem frage, ob Mutter nicht rechtzeitig
hätte von Bord gehen können, liegt der Grund für diese an
sich sinnlose Erwägung in der verbürgten Tatsache, daß
bald nach dem Auslaufen der *Gustloff*, die von vier Schlep-
pern aus dem Oxhöfter Hafenbecken gezogen wurde, ein
Küstendampfer, die *Reval*, im Schneegestöber auftauchte
und unausweichlich Gegenkurs hielt. Überladen mit Flüchtlingen aus Tilsit und Königsberg kam das Schiff von Pillau
her, dem letzten ostpreußischen Hafen. Da im Unterdeck
nur beschränkt Platz war, standen die Flüchtlinge dichtge-
drängt auf dem Oberdeck. Wie sich zeigen sollte, waren
viele während der Überfahrt erfroren, blieben aber dem stehenden Eisblock eingefügt.

Als die gestoppte *Gustloff* einige Fallreeps runterließ, gelang es den Überlebenden, sich, wie sie meinten, auf das
große Schiff zu retten; in der gestauten Wärme der Gänge
und auf Treppen fanden sie Lücken.

Hätte nicht Mutter über ein Fallreep den umgekehrten Weg nehmen können? Immer hat sie es verstanden, rechtzeitig kehrtzumachen. Die Gelegenheit! Warum nicht von dem Unglücksschiff runter auf die *Reval*? So wäre ich, hätte sie sich trotz dickem Bauch treppab gewagt, woanders – weiß nicht, wo –, bestimmt aber später und nicht am 30. Januar geboren worden.

Da ist es wieder, das verdammte Datum. Die Geschichte, genauer, die von uns angerührte Geschichte ist ein verstopftes Klo. Wir spülen und spülen, die Scheiße kommt dennoch hoch. Zum Beispiel dieser vermaledeite Dreißigste. Wie er mir anhängt, mich stempelt. Nichts hat es gebracht, daß ich mich jederzeit, ob als Schüler und Student oder als Zeitungsredakteur und Ehemann, geweigert habe, im Freundes-, Kollegen- oder Familienkreis meinen Geburtstag zu feiern. Immer war ich besorgt, es könne mir bei solch einer Fete – und sei es mit einem Trinkspruch – die dreimal verfluchte Bedeutung des Dreißigsten draufgesattelt werden, auch wenn es so aussah, als habe sich das bis kurz vorm Platzen gemästete Datum im Verlauf der Jahre verschlankt, sei nun harmlos, ein Kalendertag wie viele andere geworden. Wir haben ja Wörter für den Umgang mit der Vergangenheit dienstbar gemacht: sie soll gesühnt, bewältigt werden, an ihr sich abzumühen heißt Trauerarbeit leisten.

Doch dann sah es so aus, als müsse im Internet noch immer oder schon wieder am Dreißigsten, dem Staatsfeiertag, geflaggt werden. Jedenfalls stellte mein Sohn den Tag der Machtergreifung aller Welt sichtbar als rotes Kalenderblatt aus. In Schwerins Plattenbausiedlung Großer Dreesch, wo er seit Beginn des neuen Schuljahres bei seiner Großmutter wohnte, war er weiterhin als Webmaster tätig. Gabi, meine

Ehemalige, hatte den Umzug unseres Sohnes – weg von der linkslastig mütterlichen Dauerbelehrung, hin zur Quelle großmütterlicher Eingebungen – nicht verhindern wollen. Schlimmer noch, sie hat sich jeder Verantwortung entledigt: »Mit demnächst siebzehn kann Konrad selbst entscheiden.«

Ich wurde nicht gefragt. Die beiden trennten sich, wie es hieß, »einvernehmlich«. Und so vollzog sich der Umzug vom Möllner zum Schweriner See lautlos. Selbst der Schulwechsel soll, »dank seiner überdurchschnittlichen Leistungen«, glatt verlaufen sein, wenngleich ich mir meinen Sohn nur schlecht im stehengebliebenen Schulmief der Ossis vorstellen konnte. »Das sind Vorurteile«, sagte Gabi. »Konny zieht nun mal die strenge Lerndisziplin dort unserem eher laxen Schulbetrieb vor.« Dann gab sich meine Ehemalige abgehoben: Als Pädagogin, die für freie Willensbildung und offene Diskussion eintrete, sei sie zwar enttäuscht, müsse aber als Mutter die Entscheidung ihres Sohnes tolerieren. Sogar Konnys Freundin – so erfuhr ich von der blassen Existenz der Zahnarzthelferin – könne seinen Entschluß verstehen. Allerdings werde Rosi in Ratzeburg bleiben, Konrad aber gerne und so oft wie möglich besuchen.

Gleichfalls blieb ihm sein Dialogpartner treu. David, dieser entweder frei erfundene oder irgendwo leibhaftige Stichwortgeber, stieß sich nicht an dem Umzug oder nahm ihn nicht wahr. Jedenfalls tauchte er, als es im Chatroom meines Sohnes um den Dreißigsten ging, nach längerer Pause abermals und mit gleichbleibend antifaschistischen Sprüchen auf. Auch sonst verlief das Gechatte vielstimmig: entweder protestgeladen oder blindlings zustimmend. Eine wahre Quasselbude tat sich auf. Bald war nicht mehr nur die Ernennung des Führers zum Reichskanzler Reizthema, vielmehr und in einem Abwasch Wilhelm Gustloffs Geburtstag: es wurde um die, wie Konny wußte, »von der Vorsehung bestimmte Tatsache« gestritten, nach der der Blutzeuge vorausahnend am Tag der künftigen Machtergreifung das Licht der Welt erblickt haben soll.

Diese Klitterung wurde allen Chattern als schicksalhafte Fügung serviert. Worauf der tatsächliche oder nur ausgedachte David den in Davos zur Strecke gebrachten Goliath verhöhnte: »Dann ist es auch Vorsehung gewesen, daß das nach deinem mickrigen Parteifunktionär getaufte Schiff an dessen Geburtstag und anläßlich der Zwölfjahresfeier des Hitlerputsches mit Mann und Maus abzusaufen begann, und zwar auf Gustloffs Geburtsminute genau, Punkt einundzwanzig Uhr sechzehn hat's dreimal gekracht...«

So verlief ihr Rollenspiel: wie eingeübt. Und doch zweifelte ich mehr und mehr an meiner Annahme, es klicke sich Mal um Mal ein erfundener David ein, es quaßle ein Homunkulus gestanzte Sätze, etwa diese: »Euch Deutschen wird Auschwitz als Zeichen der Schuld ewiglich eingebrannt sein...« Oder: »Du bist ein deutliches Beispiel für das nachwachsende Unheil...« Oder Sätze, in denen sich David im Plural versteckte: »Uns Juden bleibt die nie endende Klage.« – »Wir Juden vergessen nie!« Worauf Wilhelm mit Sätzen aus dem Lehrbuch des Rassismus gegenhielt, in denen das »Weltjudentum« überall, doch besonders mächtig in New Yorks Wall Street seßhaft war.

Unerbittlich ging es zu. Doch gelegentlich fielen sie aus der Rolle, etwa, wenn mein Sohn als Wilhelm die Schlagkraft der israelischen Armee lobte, hingegen David die jüdischen Siedlungen auf palästinensischem Grund und Boden als »aggressive Landnahme« verurteilte. Auch konnte es geschehen, daß sich beide plötzlich bei der Beurteilung von

Tischtennismeisterschaften sachkundig einig waren. So verriet ihr individueller, mal scharfer, dann wieder kumpelhafter Ton, daß sich im virtuellen Raum zwei junge Leute gefunden hatten, die, bei allem feindseligen Getue, hätten Freunde werden können. Zum Beispiel, wenn sich David so einleitete: »Hallo, du borstiges Nazischwein! Hier flüstert dir deine schlachtreife Judensau ein paar Tips, wie man den Tag der Machtergreifung heute noch feiern könnte, nämlich mit kaltem Kaffee...« Oder wenn sich Wilhelm bemühte, witzig zu sein: »Für heute ist genug Judenblut geflossen. Dein Leibundmagenkoch, der dir gerne eine koschere braune Soße aufwärmt, macht jetzt Winkewinke und loggt sich aus.«

Sonst fiel den beiden zum Dreißigsten nur Altbekanntes ein. Eine Neuigkeit jedoch gab Konny seinem Feindfreund David zu verstehen: »Du solltest wissen, daß auf allen Decks des todgeweihten Schiffes unseres geliebten Führers letzte Rede zu hören gewesen ist.«

So war es. Überall auf der *Gustloff*, wo immer Lautsprecher hingen, wurde Hitlers Rede an sein Volk vom Großdeutschen Rundfunk übertragen. Und auch in der Station für Schwangere und Wöchnerinnen hat Mutter, die sich auf Anraten der Stationsschwester auf ein Feldbett gelegt hatte, die unverwechselbare Stimme gehört: »Heute vor zwölf Jahren, am 30. Januar 1933, einem wahrhaft historischen Tag, hat mir die Vorsehung das Schicksal des deutschen Volkes in die Hand gelegt...«

Danach gab Ostpreußens Gauleiter Koch ein Dutzend Durchhalteparolen von sich. Denen folgte tragische Musik. Aber Mutter hat nur von des Führers Rede erzählt: »Richtich jegrault hab ech miä, als der Fiehrer vom Schicksal ond ähnliche Sachen jeredet hat...« Und manchmal sagte sie nach kurzem Verstummen: »Das hat sich wiene Rede auffem Friedhof anjehört.«

Ich habe vorgegriffen. Die Rundfunkübertragung lief erst später. Noch hielt das Schiff in der halbwegs ruhigen Danziger Bucht Kurs auf die Spitze der Halbinsel Hela.

Der Dreißigste fiel auf einen Dienstag. Trotz jahrelanger Liegezeit liefen die Motoren gleichmäßig. Rauhe See, Schneeschauer. Gegen Essenskarten wurde auf allen Innendecks Suppe und Brot ausgeteilt. Die beiden Torpedofangboote, die das Schiff bis Hela sichernd begleiten sollten, kamen bald nicht mehr gegen den zunehmend schweren Wellengang an, mußten per Funkspruch entlassen werden. Und gleichfalls über Funk kam als Nachricht die Angabe des Zielhafens: in Kiel sollten die zukünftigen U-Bootfahrer der 2. Lehrdivision, die Verwundeten und die Marinehelferinnen von Bord gehen oder getragen werden; für das Ausschiffen der Flüchtlinge war der Hafen Flensburg vorgesehen. Immer noch herrschte Schneetreiben. Erste Seekranke wurden gemeldet. Als auf der Reede von Hela die gleichfalls mit Flüchtlingen vollbeladene *Hansa* in Sicht kam, war das Geleit bis auf die drei zugesagten Sicherungsboote vollzählig. Doch dann kam der Befehl zu ankern.

Jetzt will ich nicht alles aufzählen, was dazu geführt hat, daß das von aller Welt vergessene, nein, aus dem Gedächtnis gedrängte, plötzlich aber durchs Internet geisternde Unglücksschiff schließlich ohne die *Hansa*, die Maschinenschaden hatte, die Fahrt fortsetzte, begleitet nur von zwei Sicherungsbooten, von denen eines bald abgerufen wurde. Nur soviel: Kaum liefen wieder die Schiffsmotoren, begann auf der Kommandobrücke der Kompetenzstreit. Vier Kapitäne stritten mit- und gegeneinander. Petersen und dessen Erster Offizier – auch er von der Handelsmarine – ließen als Fahrgeschwindigkeit nur zwölf Seemeilen pro Stunde zu. Begründung: Wegen zu langer Liegezeit sei dem Schiff nicht mehr abzuverlangen. Weil aber der ehemalige U-Bootkommandant Zahn feindliche Angriffe aus ihm vertrauter Schußposition fürchtete, wollte er die Fahrt auf fünfzehn Knoten erhöhen. Petersen setzte sich durch. Dann schlug der Erste Offizier unterstützt von den Fahrkapitänen Köhler und Weller vor, auf Höhe von Rixhöft den zwar verminten, aber im Flachwasser vor U-Booten sichereren Küstenweg einzuschlagen, doch Petersen, nun unterstützt von Zahn, entschied sich für den von Minen geräumten Tiefwasserweg, lehnte aber den Rat aller anderen Kapitäne, im Zickzackkurs zu fahren, grundsätzlich ab. Nur die Wetterprognosen schienen unumstritten zu sein: West-Nord-West, Stärke sechs bis sieben, nach West drehend, gegen Abend auf fünf fallend. Dünung vier, Schneetreiben, Sichtweite ein bis drei Seemeilen, mittlerer Frost.

Von all dem, den anhaltenden Querelen auf der Brücke, dem Fehlen einer ausreichenden Zahl von Sicherungsbooten und der zunehmenden Vereisung des Oberdecks – die Flakgeschütze waren nicht mehr einsatzfähig –, wußte Mutter nichts. Sie erinnerte sich, nach der »Fiehrerrede« von der Stationsschwester Helga fünf Zwieback und einen Teller Milchreis mit Zucker und Zimt gereicht bekommen zu haben. Von nebenan, aus der Laube, sei das Stöhnen der Schwerverwundeten zu hören gewesen. Zum Glück habe das Radio Tanzmusik, »flotte Weisen« von sich gegeben. Darüber sei sie eingeschlafen. Keine ersten Wehen. Mutter meinte ja, im achten Monat zu sein.

Nicht nur die *Gustloff* lief in zwölf Seemeilen Distanz zur pommerschen Küste; das sowjetische Unterseeboot *S 13* hielt den gleichen Kurs. Vergeblich hatte das Boot, im Verbund mit zwei anderen Einheiten der baltischen Rotbannerflotte, vor der umkämpften Hafenstadt Memel auf auslaufende oder den Resten der 4. Armee Verstärkung bringende Schiffe gewartet. Tagelang kam nichts in Sicht. Dem Kapitän von *S 13* könnte, während er vergeblich auf der Lauer lag, das gegen ihn schwebende Kriegsgerichtsverfahren und also das ihm drohende Verhör durch den NKWD in den Sinn gekommen sein.

Als Alexander Marinesko am frühen Morgen des 30. Januar durch Funkspruch erfuhr, daß die Rote Armee den Hafen der Stadt Memel erobert hatte, gab er, ohne seine Kommandozentrale zu benachrichtigen, den neuen Kurs an. Indem die *Gustloff* am Oxhöfter Kai noch letzte Flüchtlingsschübe aufnahm – die Pokriefkes wurden eingeschifft –, lief *S 13* mit siebenundvierzig Mann und zehn Torpedos an Bord in Richtung pommersche Küste.

Während in meinem Bericht zwei Schiffe einander näher und näher kommen, aber nichts Entscheidendes geschieht, bietet sich Gelegenheit, die Alltagsumstände in einer Graubündener Haftanstalt zu vermerken. Dort saßen an jenem Dienstag, wie an jedem Werktag, die Häftlinge vor ihren Webstühlen. Inzwischen hatte der zu achtzehn Jahren Zuchthaus verurteilte Mörder des einstigen Landesgruppenleiters der NSDAP, Wilhelm Gustloff, neun Jahre Haft verbüßt. Bei entscheidend veränderter Kriegslage – er wurde, weil vom Großdeutschen Reich keine Gefahr mehr drohte, ins Churer Sennhof-Gefängnis zurückverlegt –, glaubte er ein Gnadengesuch einreichen zu dürfen, das aber zur Zeit der Schiffsbewegungen auf der Ostsee vom Obersten Bundesgericht der Schweiz abgelehnt wurde. Doch nicht nur David Frankfurter, auch das nach seinem Mordobjekt benannte Schiff fand keine Gnade.

6

Er sagt, mein Bericht habe das Zeug zur Novelle. Eine literarische Einschätzung, die mich nicht kümmern kann. Ich berichte nur: An jenem Tag, den die Vorsehung oder sonst ein Kalendermacher dem Schiff als letzten vorgeschrieben hatte, war der Untergang des Großdeutschen Reiches schon eingeläutet: Divisionen der Briten und Amerikaner standen im Raum Aachen. Unsere restlichen U-Boote meldeten zwar die Versenkung von drei Frachtern in der Irischen See, aber an der Rheinfront nahm der Druck auf Colmar zu. Auf dem Balkan steigerte sich im Raum Sarajewo die Partisanentätigkeit. Vom dänischen Jütland wurde zwecks Stärkung östlicher Frontabschnitte die 2. Gebirgsjägerdivision abgezogen. In Budapest, wo sich die Versorgungslage täglich verschlechterte, lag die Front unmittelbar vor der Burg. Überall blieben beiderseits Tote zurück, wurden Erkennungsmarken gesammelt und Orden verteilt.

Was geschah noch, außer daß angekündigte Wunderwaffen ausblieben? In Schlesien konnten vor Glogau Angriffe zurückgewiesen werden, um Posen hingegen verschärfte sich die Lage. Und bei Kulm setzten sowjetische Einheiten über die Weichsel. Der Feind drang in Ostpreußen bis Bartenstein und Bischofswerder vor. Von Pillau aus war es gelungen, bis zu diesem Tag, der an sich kein besonderer war, fünfundsechzigtausend zivile und militärische Personen einzuschiffen. Überall wurden denkmalreife Heldentaten vollbracht; weitere kündigten sich an. Während die *Wilhelm Gustloff* sich auf ihrem Kurs gen Westen der Stolpebank näherte und das Unterseeboot *S13* hungrig nach Beute blieb, kamen bei einem nächtlichen Angriff tausendeinhundert viermotorige Feindbomber im Raum Hamm, Bielefeld, Kassel zum Einsatz und hatte der amerikanische Präsident bereits die USA verlassen; Roosevelt war auf dem Weg zum Konferenzort Jalta auf der Halbinsel Krim, wo sich der kranke Mann mit Churchill und Stalin treffen wollte, um durch das Ziehen neuer Grenzen den Frieden vorzubereiten.

Über diese Konferenz und die spätere in Potsdam, als Roosevelt tot und Truman Präsident war, fand ich Haßseiten im Internet und einen eher beiläufigen Kommentar auf der Website meines allwissenden Sohnes: »So hat man unser Deutschland zerstückelt«, samt Karte des Großdeutschen Reiches mit markierten Gebietsverlusten. Folglich spekulierte er, was an Wundern hätte geschehen können, wenn die jungen, nahezu fertig ausgebildeten Matrosen an Bord der *Gustloff* glücklich den Zielhafen Kiel erreicht und als Besatzung von zwölf oder mehr U-Booten der neuen, fabelhaft schnellen, dazu annähernd geräuschlosen XXIII-Klasse zum erfolgreichen Einsatz gekommen wären. Lauter Heldentaten und Sondermeldungen standen auf seinem Wunschzettel. Nicht gerade, daß Konny nachträglich den Endsieg beschworen hätte, doch war er sich sicher, daß den jungen U-Bootmännern, im Fall der Vernichtung selbst dieser Wunderboote durch Wasserbomben, ein besserer Tod beschieden gewesen wäre als das erbärmliche Ersaufen auf Höhe der Stolpebank. Sogar sein Gegenspieler David stimmte dem wertenden Vergleich von Todesarten zu, brachte dann aber doch Bedenken ins Netz: »Wählen konnten die

Jungs jedenfalls nicht. So oder so hätten sie keine Chance gehabt, auf stinknormale Weise erwachsen zu werden...«

Fotos liegen vor, die der überlebende Zahlmeisterassistent des Schiffes während Jahrzehnten gesammelt hat: viele paßbildkleine und eine Großaufnahme, die alle Matrosen eines in der Regel viermonatigen Lehrgangs bei der 2. Unterseeboot-Lehrdivision in Reih und Glied versammelt auf dem Sonnendeck zeigt, angetreten, um nach dem Kommando »Rührt euch!« zur Begrüßung vor Korvettenkapitän Zahn in gelockerter Haltung zu stehen. Auf dieser Abbildung im Breitformat, der über neunhundert, zum Heck hin immer kleiner wirkende Matrosenmützen abgezählt werden können, sind die Gesichter allenfalls bis ins siebte Glied als ausgeprägt einzelne zu erkennen. Dahinter geordnete Masse. Doch auf den paßbildkleinen Fotos sehen mich Mal um Mal uniformierte Männer an, deren jungenhafte Gesichtszüge zwar unterschiedlich sind, doch insgesamt unfertig erscheinen. Achtzehnjährig mögen sie sein. Einige Jungs, die während der letzten Kriegsmonate in Uniform fotografiert wurden, sind noch jünger. Mein Sohn, mittlerweile siebzehn, könnte einer von ihnen sein, wenngleich Konny als Brillenträger kaum U-boottauglich gewesen wäre.

Alle tragen ihre, wie man zugeben kann, kleidsamen Matrosenmützen mit der umlaufenden Bandaufschrift »Kriegsmarine« schräg, zumeist mit leichter Rechtsneigung. Ich sehe gerundete, schmale, kantige wie pausbäckige Gesichter von Todesanwärtern. Die Uniform ist ihr ganzer Stolz. Ernst blicken sie mich an, als bestimme Vorahnung ihren zuletzt fotografierten Ausdruck.

Die wenigen mir vorliegenden Fotos der dreihundertdreiundsiebzig eingeschifften Marinehelferinnen wirken ziviler, trotz der schrägsitzenden Käppis mit dem frontal geknickten Hoheitsadler. Die sorgfältigen Frisuren der jungen Mädchen – viele werden mittels Dauer- oder Wasserwelle gefestigt worden sein – ringeln sich, fallen zeitgemäß onduliert. Etliche Mädchen mögen verlobt, wenige verheiratet gewesen sein. Zwei oder drei, die mit glatt fallendem Haar sinnlich kühl auf mich wirken, sehen meiner Ehemaligen ähnlich. So sah ich Gabi, als sie in Westberlin ziemlich eifrig Pädagogik studierte und mich auf Anhieb schwach gemacht hat. Fast alle Marinehelferinnen sind auf ersten Blick hübsch, sogar niedlich anzusehen, einige zeigen eine frühe Neigung zum Doppelkinn. Sie blicken weniger ernst als die Jungs. Jede, die mich anschaut, lächelt ahnungslos.

Da von den weit über viertausend Säuglingen, Kindern, Jugendlichen an Bord des Unglücksschiffes keine hundert gerettet wurden, fanden sich nur zufällig Fotos von ihnen, weil mit dem Schiff das Flüchtlingsgepäck und in ihm die Fotoalben geflüchteter Familien aus Ost- und Westpreußen, Danzig und Gotenhafen verlorengegangen sind. Ich sehe die Kindergesichter jener Jahre. Mädchen mit Zöpfen und Haarschleifen, die Jungen links- oder rechtsgescheitelt. Von Säuglingen, die ohnehin zeitlos aussehen, liegt kaum etwas vor. Überlieferte Fotografien von Müttern, denen die Ostsee zum Grab wurde, und den wenigen, die, zumeist ohne ihre Kinder, am Leben blieben, sind lange vor dem Unglück oder viele Jahre danach bei familiären Anlässen »geknipst« worden, wie es bei Mutter heißt, von der es – wie auch von mir als Säugling – kein einziges Foto gibt.

Gleichfalls blieb als Abbild nichts von jenen alten Männern und Frauen, den masurischen Bauern und Bäuerinnen, pensionierten Beamten, heiteren Witwen und Handwerkern in Rente, den tausend vom Schrecken der Flucht verstörten

Greisinnen und Greisen, die an Bord durften. Alle Männer mittleren Alters sind bei der Einschiffung am Oxhöft-Kai, weil tauglich für die letzten Volkssturmaufgebote, zurückgewiesen worden. Es fanden sich unter den Geretteten so gut wie kein Hochbetagter, kaum alte Damen. Und kein Bild zeugt von den schwerverwundeten Kurlandkämpfern, die Bett an Bett in der Laube lagen.

Zu den wenigen überlebenden Alten, die gerettet wurden, zählte der Kapitän des Schiffes, der Mittsechziger Petersen. Alle vier Kapitäne standen um einundzwanzig Uhr auf der Brücke und stritten, ob es richtig gewesen sei, auf Petersens Befehl Positionslichter zu setzen, nur weil kurz nach achtzehn Uhr durch Funkspruch ein Minensuchverband auf Gegenkurs gemeldet wurde. Zahn war dagegen. Gleichfalls der Zweite Navigationsoffizier. Zwar ließ Petersen einige Lampen löschen, doch nicht die Backbord- und Steuerbordlichter. So, inzwischen einzig vom Torpedoboot *Löwe* als Sicherungsschiff begleitet, hielt das in seiner Höhe und Länge verdunkelte Schiff bei nachlassendem Schneetreiben und gegen schweren Wellengang seinen Kurs und näherte sich der auf allen Seekarten verzeichneten Stolpebank. Der vorausgesagte mittlere Frost bedeutete 18 Grad unter Null.

Es soll der Erste Offizier des sowjetischen U-Bootes *S 13* gewesen sein, der ferne Positionslichter sichtete. Wer auch immer Meldung erstattet hat, Marinesko war sofort auf dem Turm des Überwasserfahrt machenden Bootes. Er trug, wie überliefert wurde, zur pelzbesetzten Mütze, der Uschanka, unvorschriftsmäßig nicht den gefütterten Mantel, die Dienstbekleidung der U-Bootoffiziere, sondern hatte sich ein ölverschmiertes Schafsfell umgehängt.

Bei getauchter Lage, während langer Fahrt mit Elektromotoren, waren dem Kapitän nur die Geräusche kleiner Schiffe gemeldet worden. Vor Hela gab er Befehl zum Auftauchen. Die Dieselmotoren sprangen an. Jetzt erst wurde ein von Zwillingsschrauben angetriebenes Schiff hörbar. Plötzliches Schneetreiben schützte das Boot, nahm aber die Sicht. Als das Wetter sich beruhigte, wurden die Umrisse eines auf zwanzigtausend Tonnen geschätzten Truppentransporters und ein Begleitboot gesichtet. Das geschah von der Seeseite her, mit Blick auf die Steuerbordseite des Transporters und in Richtung pommersche Küste, die zu erahnen war. Vorerst geschah nichts.

Ich kann nur mutmaßen, was den Kapitän von *S 13* bewogen hat, bei beschleunigter Überwasserfahrt das Schiff und dessen Begleiter in riskantem Manöver achtern zu umlaufen, um dann von der Küstenseite aus, mit weniger als dreißig Meter Tiefe unter dem Boot, eine Angriffsposition zu suchen. Späteren Aussagen nach wollte er die »Faschistenhunde«, die sein Vaterland überfallen und verwüstet hatten, treffen, wo er sie fand; das war ihm bisher nicht gelungen.

Seit zwei Wochen verlief die Suche nach Beute ergebnislos. Weder nahe der Insel Gotland noch vor den baltischen Häfen Windau und Memel war er zum Schuß gekommen. Keines der zehn Torpedos an Bord hatte ein Rohr verlassen. Wie ausgehungert wird er gewesen sein. Zudem könnte dem nur auf See tüchtigen Marinesko die Befürchtung im Nakken gesessen haben, man werde ihn sogleich nach womöglich erfolgloser Rückkehr in die Stützpunkthäfen Turku oder Hangö vor das vom NKWD geforderte Kriegsgericht stellen. Nicht nur die letzte Sauftour und sein den Landurlaub überschreitendes Verweilen in finnischen Hurenhäusern konnten ihm angelastet werden; er stand unter Spionageverdacht, einer Beschuldigung, die seit Mitte der dreißiger Jahre in der Sowjetunion bei Säuberungen Praxis gewonnen hatte und durch nichts zu widerlegen war. Allenfalls konnte ihn ein unübersehbarer Erfolg retten.

Nach annähernd zwei Stunden Überwasserfahrt war das Umgehungsmanöver beendet. *S 13* lief jetzt auf Parallelkurs zum feindlichen Objekt, das zur Verwunderung der Turmbesatzung mit gesetzten Positionslichtern keinen Zickzackkurs fuhr. Da das Schneetreiben gänzlich aufgehört hatte, bestand Gefahr, daß die Wolkendecke aufriß und nicht nur der Riesentransporter und dessen Begleitschiff, sondern auch das U-Boot im Mondlicht liegen würden.

Dennoch blieb Marinesko beim Entschluß zum Überwasserangriff. Als Vorteil für *S 13* erwies sich, daß die U-Boot-ortungsanlage des Torpedobootes *Löwe* – was niemand auf *S 13* ahnen konnte – vereist war und keine Reflexe aufnahm. Die englischen Buchautoren Dobson, Miller, Payne gehen in ihrem Bericht davon aus, daß der sowjetische Kommandant die von deutschen Unterseebooten im Atlantik praktizierte Methode des Angriffs in aufgetauchter Position ihrer Erfolge wegen lange geübt hatte und jetzt endlich anwenden wollte; der Überwasserangriff erlaubt bei besserer Sicht schnellere Fahrt und größere Zielgenauigkeit.

Marinesko befahl, den Auftrieb noch weiter zu drosseln, bis der Bootskörper nicht mehr sichtbar war und nur der Turm aus der immer noch schwer bewegten See ragte. Angeblich soll kurz vor dem Angriff von der Brücke des Zielobjekts aus eine Leuchtrakete abgeschossen und sollen Blinksignale gesichtet worden sein; doch dafür gibt es aus deutscher Quelle – den Berichten der überlebenden Kapitäne – keine Bestätigung.

So näherte sich *S 13* ungehindert der Backbordseite des Ziels. Auf Anweisung des Kommandanten wurden die vier Bugtorpedos in ihren Abschußrohren auf drei Meter Tiefe eingestellt. Die geschätzte Entfernung zum feindlichen Objekt betrug sechshundert Meter. Im Periskop lag der Bug des Schiffes im Fadenkreuz. Nach Moskauer Zeit war es dreiundzwanzig Uhr vier, nach deutscher zwei Stunden früher genau.

Bevor aber an dieser Stelle Marineskos Feuerbefehl erfolgt und nicht mehr zurückgenommen werden kann, muß eine überlieferte Legende in meinen Bericht eingeschoben werden. Ein Bootsmann namens Pichur hatte, bevor *S 13* den Hafen von Hangö verließ, alle Torpedos mit in Pinselschrift gemalten Widmungen geschmückt, so auch die vier zum Abschuß bereiten Torpedos. Der erste war »Für das Mutterland« bestimmt, der Torpedo in Rohr zwei hieß »Für Stalin«, in den Rohren drei und vier sprachen sich die gepinselten Widmungen auf aalglatter Oberfläche »Für das sowjetische Volk« und »Für Leningrad« aus.

So vorbestimmt liefen, nach endlich erteiltem Befehl, drei der vier Torpedos – der Stalin gewidmete blieb im Rohr stecken und mußte in Eile entschärft werden – auf das aus Marineskos Sicht namenlose Schiff zu, in dessen Station für Wöchnerinnen und Schwangere Mutter bei leiser Radiomusik noch immer schlief.

Während die drei beschrifteten Torpedos unterwegs sind, bin ich versucht, mich an Bord der *Gustloff* zu denken. Leicht sind die Marinehelferinnen zu finden, die zuletzt eingeschifft und im trockengelegten Schwimmbad einquartiert wurden, gleichfalls in der anschließenden Jugendherberge, vormals für auf Ferienreise geschickte Hitlerjungen und BdM-Mädel bestimmt. Gedrängt hocken und liegen sie. Noch halten die Frisuren. Aber kein Lachen mehr, keine netten oder spitzzüngigen Klatschgeschichten. Einige leiden unter Seekrankheit. Dort und überall auf den Gängen der anderen Decks, in den einstigen Fest- und Speisesälen riecht es nach Erbrochenem. Die für die Masse der Flüchtlinge und Marineangehörigen ohnehin zu wenigen Toiletten sind verstopft. Die Ventilatoren schaffen es nicht, mit der verbrauchten Luft den Gestank abzusaugen. Seit Auslaufen des Schiffes tragen auf Befehl alle die ausgeteilten Schwimmwesten, doch legen, der zunehmenden Hitze wegen, viele ihre zu warme Wäsche und auch die Schwimmwesten ab. Leise quengeln Alte und Kinder. Keine Lautsprecherdurchsagen mehr. Alle Geräusche gedämpft. Ein ergebenes Seufzen und Wimmern. Ich stelle mir keine Untergangsstimmung, wohl aber deren Vorstufe, sich einschleichende Angst vor.

Nur auf der Kommandobrücke soll, nach ausgetragenem Streit, die Stimmung einigermaßen hoffnungsvoll gewesen sein. Die vier Kapitäne glaubten, mit dem Erreichen der Stolpebank die größte Gefahr hinter sich zu haben. In der Kabine des Ersten Offiziers wurde eine Mahlzeit gelöffelt: Erbsensuppe mit Fleischeinlage. Danach ließ Korvettenkapitän Zahn vom Steward Cognac servieren. Man sah Anlaß, auf eine vom Glück begünstigte Fahrt anstoßen zu dürfen. Zu Füßen seines Herrn schlief der Schäferhund Hassan. Als Wachoffizier war nur Kapitän Weller auf der Brücke. Indessen war die Zeit abgelaufen.

Von Kindheit an kenne ich Mutters Satz: »Ech war glaich janz wach, als es zum ersten Mal jebumst hat ond denn nochmal ond nochmal...«

Der erste Torpedo traf tief unter der Wasserlinie den Bug des Schiffes, dort, wo die Mannschaftsräume lagen. Wer auf

Freiwache war, Stullen kaute oder in seiner Koje schlief und die Explosion überlebte, kam dennoch nicht davon, weil Kapitän Weller gleich nach der ersten Schadensmeldung alle Schotten zum Vorschiff automatisch schließen ließ, um ein schnelles Sinken über den Bug zu verhindern; die Notmaßnahme »Schottenschließen« war kurz vor Auslaufen des Schiffes geübt worden. Zu den aufgegebenen Matrosen und kroatischen Freiwilligen zählten viele, die während Übungen auf das geordnete Besetzen und Fieren der Rettungsboote vorbereitet worden waren.

Niemand weiß, was in dem abgeschotteten Vorschiff plötzlich, verzögert, endgültig geschah.

Gleichfalls ist mir Mutters anschließender Satz eingeprägt geblieben: »Baim zwaiten Bums binnech aussem Bett jefallen, so schlimm war der...« Dieser Torpedo aus Rohr drei, der auf glatter Oberfläche die Aufschrift »Für das sowjetische Volk« als Widmung trug, detonierte unterm Schwimmbad auf dem E-Deck des Schiffes. Nur zwei oder drei Marinehelferinnen überlebten. Später sprachen sie von Gasgeruch und von Mädchen, die durch die Splitter des zerborstenen Glasmosaiks an der Stirnwand des Bades und von den Kacheln des Schwimmbeckens in Stücke gerissen wurden. Auf dem schnell steigenden Wasser habe man Leichen und Leichenteile, belegte Brote und sonstige Reste vom Abendessen, auch leere Schwimmwesten treiben sehen. Kaum Geschrei. Dann sei das Licht weggewesen. Die zwei oder drei Marinehelferinnen, von denen mir keine paßbildkleinen Fotos vorliegen, konnten sich vorerst durch einen Notausgang retten, hinter dem eine Eisentreppe steil zu den höher gelegenen Decks führte.

Und dann sagte Mutter noch: »Baim dritten Bums erst« sei Doktor Richter bei den Wöchnerinnen und Schwangeren gewesen. »Da war schon der Daibel los!« rief sie jedesmal, sobald ihre Endlosgeschichte auf »Nummer drai« kam.

Der letzte Torpedo traf mittschiffs den Maschinenraum. Nicht nur die Schiffsmotoren fielen aus, auch die Innenbeleuchtung auf den Decks und die sonstige Technik. Alles weitere geschah im Dunkeln. Allenfalls erlaubte die Minuten später anspringende Notbeleuchtung einige Orientierung im Chaos der ausbrechenden Panik innerhalb des zweihundert Meter langen und zehn Stockwerke hohen Schiffes, von dem keine SOS-Rufe über Funk abgegeben werden konnten: auch die Geräte im Funkraum waren ausgefallen. Nur vom Torpedoboot *Löwe* ging wiederholt der Ruf in den Äther: »*Gustloff* sinkt nach drei Torpedotreffern!« Zwischendurch wurde die Lage des sinkenden Schiffes gefunkt, endlos, über Stunden: »Position Stolpmünde. 55 Grad 07 Nord – 17 Grad 42 Ost. Erbitten Hilfe...«

Auf *S13* wurden die Treffer und das bald erkennbare Sinken des Zielobjektes mit unterdrücktem Jubel wahrgenommen. Kapitän Marinesko befahl, mit dem bereits vorgefluteten Boot auf Tiefe zu gehen, wissend, daß in Küstennähe, zumal über der Stolpebank, nur wenig Schutz vor Wasserbomben zu finden war. Zuvor mußte der in Rohr zwei steckengebliebene Torpedo entschärft werden; zündfertig, mit laufendem Antriebsmotor, wie er festsaß, konnten ihn leiseste Erschütterungen zur Explosion bringen. Zum Glück fielen keine Wasserbomben. Das Torpedoboot *Löwe* suchte, bei gestoppter Maschine, das tödlich getroffene Schiff mit Scheinwerfern ab.

Auf unserer globalen Spielwiese, dem gepriesenen Ort letztmöglicher Kommunikation, hieß das sowjetische U-Boot *S13* im Wortlaut der mir familiär nahen Website kategorisch: »Das Mordboot«. Und die Besatzung dieser Schiffseinheit der baltischen Rotbannerflotte wurde als »Frauenund Kindermörder« verurteilt. Im Internet spielte mein Sohn den Richter. Die Einsprüche seines Feindfreundes David, dem nur einfiel, wiederum seine antifaschistische Gebetsmühle in Gang zu setzen, indem er auf ranghohe Nazis und Militärpersonen an Bord sowie die 3-cm-Flakgeschütze auf dem Sonnendeck des Schiffes hinwies, kamen gegen die Flut der nunmehr von allen Kontinenten eingehenden Kommentare nicht an. Chatter meldeten sich überwiegend auf Deutsch, durchmischt mit englischen Brocken. Der übliche Haß, aber auch fromme Beschwörungen der Apokalypse füllten meinen Schirm. Ausrufezeichen hinter der Schrekkensbilanz. Dazwischen zum Vergleich die Verlustzahlen anderer Schiffsuntergänge.

Das oft verfilmte Drama der *Titanic* versuchte die Spitze zu halten. Ihm folgte der Untergang der *Lusitania*, die im Ersten Weltkrieg von einem deutschen U-Boot versenkt worden war, was den Eintritt der USA in den Krieg ausgelöst oder beschleunigt haben soll. Auch meldete eine einsame Stimme die Versenkung der mit KZ-Häftlingen beladenen *Cap Arcona* durch englische Bomber in der Neustädter Bucht; diese sich irrtümlich ereignende Tat geschah wenige Tage vor Kriegsende und führte nunmehr im Internet mit der Zahl von siebentausend Toten die Tabellenspitze an. Dann lag die *Goya* gleichauf. Doch über allem wetteifernden Zahlengechatte siegte am Ende die *Gustloff*. Mit dem Eifer der ihm eigenen Gründlichkeit war es meinem Sohn auf seiner Website gelungen, das vergessene Schiff und dessen menschliche Fracht ins diffuse Weltbewußtsein zu rücken, auf daß es als schematische Zeichnung samt zackig markierten Torpedotreffern sichtbar wurde und fortan, als Unglück an sich, einen Namen von globaler Bedeutung trug.

Doch mit dem, was am 30. Januar 1945 ab einundzwanzig Uhr sechzehn tatsächlich auf der *Wilhelm Gustloff* geschah, hatten die sich im Cyberspace übertrumpfenden Zahlen wenig zu tun. Eher ist es Frank Wisbar in seinem Schwarzweißfilm »Nacht fiel über Gotenhafen« gelungen, trotz überdehnter Voraushandlung einiges von der Panik einzufangen, die auf allen Decks ausbrach, nachdem die drei Treffer das Schiff, bei sogleich überspültem Bug, nach Backbord hin in Schräglage gebracht hatten.

Versäumnisse rächten sich. Warum waren die ohnehin zu wenigen Rettungsboote nicht vorsorglich ausgeschwenkt worden? Warum hatte man die Davits und Taljen nicht regelmäßig enteist? Zudem fehlte das im Vorderschiff abgeschottete, womöglich noch lebende Personal. Die Marinerekruten der Lehrdivision waren im Umgang mit Rettungsbooten ungeübt. Das vereiste Sonnendeck, das zugleich Bootsdeck war, brachte, spiegelglatt, wie es sich neigte, die aus den oberen Decks andrängende Masse ins Rutschen. Schon gingen die ersten, weil haltlos, über Bord. Nicht jeder fiel mit Schwimmweste. Jetzt wagten viele in Panik den Sprung. Der Hitze im Schiffsinneren wegen waren die meisten, die aufs Sonnendeck drängten, zu leicht bekleidet, um bei achtzehn Grad minus Luft- und entsprechend niedriger Wassertemperatur – sind es zwei oder drei Grad plus gewesen? – den Kälteschock zu überleben. Dennoch sprangen sie.

Von der Brücke her kamen nun Befehle, alle Nachdrängenden in das verglaste Untere Promenadendeck zu lenken, dessen Türen zu verschließen und bewaffnet zu bewachen in der Hoffnung auf rettende Schiffe. Diese Maßnahme wurde strikt durchgeführt. Bald hielt die hundertsechsundsechzig

Meter lange, Steuer- und Backbord umlaufende Vitrine tausend und mehr Menschen gefangen. Erst ganz zum Schluß, als es zu spät war, sind an einigen Abschnitten der Promenadenverglasung die Panzerglasscheiben zerborsten.

Was aber im Schiffsinneren geschah, ist mit Worten nicht zu fassen. Mutters für alles Unbeschreibliche stehender Satz »Da hab ech kaine Töne fier...« sagt, was ich undeutlich meine. Also versuche ich nicht, mir Schreckliches vorzustellen und das Grauenvolle in ausgepinselte Bilder zu zwingen, sosehr mich jetzt mein Arbeitgeber drängt, Einzelschicksale zu reihen, mit episch ausladender Gelassenheit und angestrengtem Einfühlungsvermögen den großen Bogen zu schlagen und so, mit Horrorwörtern, dem Ausmaß der Katastrophe gerecht zu werden.

Das hat der Schwarzweißstreifen mit Bildern versucht, die in Filmstudios vor Kulissen entstanden. Man sieht drängende Masse, verstopfte Gänge, den Kampf um jede Treppenstufe aufwärts, sieht verkleidete Komparsen als Eingeschlossene im verschlossenen Promenadendeck, ahnt die Schlagseite des Schiffes, sieht, wie das Wasser steigt, sieht im Schiffsinneren Schwimmende, sieht Ertrinkende. Und Kinder sieht man im Film. Kinder, von ihren Müttern getrennt. Kinder, an der Hand die baumelnde Puppe. Kinder, verirrt in bereits geräumten Gängen. In Nahaufnahme die Augen vereinzelter Kinder. Doch die über viertausend Säuglinge, Kinder und Jugendlichen, für die es kein Überleben gab, waren, allein aus Kostengründen, nicht zu verfilmen, blieben und bleiben abstrakte Zahl, wie all die anderen in die Tausende, Hunderttausende, Millionen gehenden Zahlen, die damals wie heute nur grob zu schätzen waren und sind. Eine Null am Ende mehr oder weniger, was sagt das schon; in Statistiken verschwindet hinter Zahlenreihen der Tod.

Ich kann nur berichten, was von Überlebenden an anderer Stelle als Aussage zitiert worden ist. Auf breiten Treppen und schmalen Niedergängen wurden Greise und Kinder totgetreten. Jeder war sich der Nächste. Fürsorgliche versuchten, dem Tod zuvorzukommen. So wird von einem Ausbildungsoffizier gesagt, er habe in der ihm zugeteilten Familienkabine zuerst seine drei Kinder, dann die Ehefrau, schließlich sich selbst mit der Dienstpistole erschossen. Gleiches wird von Parteigrößen und ihren Familien erzählt, die in jenen Sonderkabinen Schluß machten, die einst Hitler und dessen Gefolgsmann Ley zugedacht waren und nun der selbsttätigen Liquidierung Raum boten. Anzunehmen ist, daß Hassan, der Hund des Korvettenkapitäns, gleichfalls und zwar von seinem Herrn erschossen wurde. Auch mußte auf dem vereisten Sonnendeck von Schußwaffen Gebrauch gemacht werden, weil der Befehl »Nur Frauen und Kinder in die Boote!« nicht befolgt wurde, weshalb sich überwiegend Männer gerettet haben, was nüchtern und kommentarlos die alles Leben abschließende Statistik bewiesen hat.

Ein Boot, das über fünfzig Personen Platz geboten hätte, hat man übereilt, besetzt von einem knappen Dutzend Matrosen nur, zu Wasser gelassen. Ein anderes Boot kippte, weil zu hastig gefiert und nur noch an der Vorderleine hängend, alle Bootsinsassen in die bewegte See und stürzte dann, als die Leine riß, auf jene, die im Wasser trieben. Nur das Rettungsboot Nummer vier soll, zur Hälfte mit Frauen und Kindern belegt, nach Vorschrift abgelassen worden sein. Da die Schwerverwundeten aus dem Laube genannten Notlazarett ohnehin verloren waren, versuchten Sanitäter, einige Leichtverwundete in Booten unterzubringen: vergeblich.

Selbst die Schiffsleitung war nur noch auf sich bedacht. Berichtet wird von einem ranghohen Offizier, der seine Frau

aus der Kabine aufs Oberdeck geholt und auf dem Achterdeck begonnen hatte, die Halterungen einer Motorpinasse,
die zu KdF-Zeiten bei Norwegenfahrten als Ausflugsboot
benutzt wurde, zu enteisen. Als es ihm gelang, endlich die
Pinasse auszuschwingen, funktionierte – ein Wunder – die
elektrische Winde. Beim Abseilen vom Bootsdeck erblick-
ten die im Promenadendeck eingesperrten Frauen und
Kinder durch die Panzerglasscheiben das nur halb besetzte
Boot; und die Insassen der Pinasse sahen einen Augenblick
lang, welche Masse Mensch sich hinter der Verglasung
staute. Man hätte sich zuwinken können. Was im Schiffsinneren weiterhin geschah, blieb ungesehen, kam nicht zu
Wort.

Ich weiß nur, wie Mutter gerettet wurde. »Glaich nachem
letzten Bums jingen bai mir die Wehen los...« Sobald sie, als
ich ein Kind war, davon erzählte, glaubte ich, eine lustige
Abenteuergeschichte zu hören: »Na, ond denn hat miä
der Onkel Dokter schnell ne Spritze verpaßt...« Vor dem
»Pieks« habe sie richtig Angst gehabt. »Aber mitte Wehen
war Schluß denn...«

Es wird Doktor Richter gewesen sein, der zwei Wöchnerinnen mit Säuglingen und Mutter, unterstützt von der Stationsschwester, übers rutschige Sonnendeck hat führen lassen, worauf die drei Frauen in ein Boot gesetzt wurden, das
bereits ausgeschwenkt in den Davits hing. Mit einer anderen
Schwangeren und einer Frau, die eine Fehlgeburt hinter sich
hatte, soll er wenig später in einem der letzten Boote – offenbar ohne Stationsschwester Helga – Platz gefunden haben.

Mutter sagte mir, daß sich bei immer stärkerer Schlagseite
eines der 3-cm-Flakgeschütze vom Achterdeck aus den Halterungen gelöst habe, über Bord gestürzt sei und ein schon ab-
gefiertes Rettungsboot, das voll besetzt war, zerschmettert

habe. »Das is glaich neben ons passiert. Son Glick ham wiä jehabt...«

Also verließ ich in Mutters Leib das sinkende Schiff. Unser Boot legte ab und gewann, umgeben vom Treibgut noch Lebender und schon Toter, einige Distanz zur sich neigenden Backbordseite des Schiffes, dem ich jetzt, bevor es zu spät ist, gerne die eine oder andere Story abgewinnen würde. Zum Beispiel die vom allseits beliebten Bordfriseur, der seit Jahren die immer seltener werdenden silbernen Fünfmarkstücke gesammelt hatte. Nun sprang er mit prallem Säckchen am Hosenbund in die See, um sogleich, beschwert vom Gewicht der Silberlinge... Aber ich darf keine weiteren Stories erzählen.

Jetzt wird mir geraten, mich kurz zu fassen, nein, mein Arbeitgeber besteht darauf. Da es mir ohnehin nicht gelinge, das tausendmalige Sterben im Schiffsbauch und in der eisigen See in Worte zu fassen, ein deutsches Requiem oder einen maritimen Totentanz aufzuführen, solle ich mich bescheiden, zur Sache kommen. Er meint, zu meiner Geburt.

Noch war es nicht soweit. In jenem Boot, in dem Mutter ohne Eltern und Fluchtgepäck, aber mit gebremsten Wehen saß, hatten alle Insassen aus wachsendem Abstand, und sobald eine Welle sie hob, den Blick frei auf die mit bestürzender Schlagseite sinkende *Wilhelm Gustloff*. Da der Suchscheinwerfer des seitab in schwerer See Position haltenden Begleitschiffes immer wieder die Brückenaufbauten, das verglaste Promenadendeck und das schräg nach steuerbord aufragende Sonnendeck streifte, erlebten diejenigen, die sich in das Boot gerettet hatten, wie einzelne und zu Knäueln gefügte Menschen über Bord gingen. Und nahbei sah Mutter und sahen alle, die sehen wollten, Treibende in ihren

Schwimmwesten, unter ihnen noch Lebende, die laut oder matt um Hilfe riefen, um Aufnahme in die Boote flehten, und andere, die, bereits abgestorben, Schlafenden glichen. Aber schlimmer noch, sagte Mutter, sei es den Kindern ergangen: »Die sind alle falsch runterjekommen vom Schiff, mittem Kopp zuerst. Nu hingen se in die dicken Schwimmwülste mitte Beinchen nach oben raus...«

Und sobald Mutter später, etwa von den Gesellen ihrer Tischlereibrigade oder von einem ihrer zeitweiligen Bettgenossen, gefragt wurde, wie sie als junge Frau zu weißen Haaren gekommen sei, sagte sie: »Das is passiert, als ech all die Kinderchens koppunter jesehn hab...«

Mag sein, daß erst hier oder schon hier der Schock gewirkt hat. Als ich ein Kind und Mutter Mitte zwanzig war, hat sie ihr kurzgeschnittenes Weißhaar wie eine Trophäe zur Schau gestellt. Denn sobald sie danach befragt wurde, kam etwas zur Sprache, das im Arbeiter-und-Bauern-Staat kein zugelassenes Thema war: die *Gustloff* und ihr Untergang. Aber manchmal und eher beiläufig vorsichtig hat sie auch von dem sowjetischen U-Boot und den drei Torpedos erzählt, wobei Mutter jedesmal gestelztes Hochdeutsch bemühte, sobald sie den Kommandanten von *S 13* und seine Männer »die uns Werktätigen freundschaftlich verbundenen Helden von der Sowjetmarine« nannte.

Um die Zeit, als nach Mutters Zeugnis ihr Haar auf einen Schlag weiß wurde – das mag gut eine halbe Stunde nach den Torpedotreffern gewesen sein –, verhielt sich die Besatzung des abgetauchten Unterseebootes still und erwartete Wasserbomben, die aber ausblieben. Kein sich näherndes Schiffsschraubengeräusch. Nichts von der Dramatik, die an Szenen in U-Bootfilmen hätte erinnern können. Doch hörte der Bootsmaat Schnapzew, dessen Aufgabe es war, Außengeräusche mit seinen Kopfhörern zu registrieren, welche Laute der Leib des sinkenden Schiffes von sich gab: Rumoren, sobald sich Maschinenblöcke aus Verankerungen lösten, einen Knall, wenn nach kurzem Ächzen die Schotten unterm Wasserdruck brachen, und weiteren undefinierbaren Lärm. All das meldete er seinem Kommandanten mit halber Stimme.

Da mittlerweile die in Ausstoßrohr zwei steckende und Stalin gewidmete Torpedo entschärft worden war und im Boot absolute Stille verordnet blieb, nahm der Maat mit den Kopfhörern, außer dem, was das absterbende und für ihn namenlose Schiff laut werden ließ, nur entfernt das Schraubengeräusch des mit langsamer Fahrt sich bewegenden Geleitbootes auf. Von dort ging keine Gefahr aus. Menschliche Stimmen hörte er nicht.

Es war das Torpedoboot, das mit gedrosselter Maschinenkraft Position hielt und von dessen umlaufender Reling aus mit Fangleinen Lebende und Tote, die im Wasser trieben, aufgefischt wurden. Da die einzige Motorjolle vereist war, zudem deren Motor nicht ansprang, konnte sie nicht eingesetzt und bei den Rettungsversuchen behilflich werden. Einzig mit Leinen wurde geborgen. An die zweihundert Überlebende kamen auf diese Weise an Bord.

Als die ersten der wenigen Rettungsboote, die sich von dem zögerlich kenternden Schiff lösen konnten, im Lichtkegel des Suchscheinwerfers die *Löwe* anliefen, wurde es schwierig, bei immer noch hochgehender See anzulegen. Mutter, die in einem der Boote saß, sagte: »Mal hat ons ne Welle janz hoch jehoben, so daß wiä auf die *Leewe* runtergucken jekonnt ham, ond mal warn wir im Keller ond die *Leewe* hoch ieber ons...«

Nur wenn das Rettungsboot auf Höhe der Reling des Torpedobootes war, während Sekunden also, gelang es Mal um Mal, einzelne Schiffbrüchige zu übernehmen. Wem der Sprung mißlang, der geriet zwischen die Boote, blieb weg. Doch Mutter kam mit Glück an Bord eines Kriegsschiffes von nur 768 Tonnen Wasserverdrängung, das im Jahr achtunddreißig vom Stapel einer norwegischen Werft gelaufen, auf den Namen *Gyller* getauft, in norwegischen Dienst gestellt und nach der Besetzung Norwegens im Jahr vierzig als Beute von der deutschen Kriegsmarine übernommen worden war.

Kaum hatten zwei Matrosen des Begleitschiffes mit Vorgeschichte Mutter über die Reling gehievt, wobei sie ihre Schuhe verlor, sie dann in eine Decke gewickelt und in die Kajüte des diensthabenden Maschinenoffiziers geführt, setzten die Wehen abermals ein.

Wünsch dir was! Ich will nicht ablenken, wie mir jemand unterstellen könnte: aber lieber als von Mutter auf der *Löwe* geboren, wäre ich jenes Findelkind gewesen, das sieben Stunden nach dem Schiffsuntergang von dem Vorpostenboot *VP1703* geborgen wurde. Das geschah, nachdem weitere Rettungsschiffe, allen voran das Torpedoboot *T36*, dann die Dampfer *Gotenland* und *Göttingen* die wenigen Überlebenden im Wellengang zwischen Eisgrütze, einzelnen Eisschollen und vielen leblos Treibenden an Bord geholt hatten.

Dem Kapitän des Vorpostenbootes waren in Gotenhafen die »SOS«-Rufe, die der Funker der *Löwe* fortlaufend sendete, gemeldet worden. Sofort war er mit seinem schrottreifen Kahn ausgelaufen und hatte ein Leichenfeld vorgefunden. Dennoch ließ er immer wieder mit dem Bordscheinwerfer die See ableuchten, bis der Lichtkegel ein wie unbemannt treibendes Rettungsboot einfing. Der Obermaat Fick wechselte über und fand neben den erstarrten Leichen einer Frau und eines halbwüchsigen Mädchens ein hartgefrorenes Wolldeckenbündel, das, an Bord des *VP 1703* gebracht, von der obersten Eisschicht befreit, dann aufgerollt wurde, worauf jener Säugling ans Licht kam, der gerne ich gewesen wäre: ein elternloses Findelkind, der letzte Überlebende der *Wilhelm Gustloff*.

Der auf dem Vorpostenboot in dieser Nacht zufällig diensttuende Flottillenarzt fühlte den matten Pulsschlag des Säuglings, begann mit Belebungsübungen, wagte eine Kampferspritze und ließ nicht nach, bis das Kind, ein Junge, die Augen aufschlug. Er schätzte den Säugling auf elf Monate und trug alle wichtigen Einzelheiten, das Fehlen des Namens und die unbekannte Herkunft, das ungefähre Alter, den Tag und die Stunde der Rettung und den Namen und Rang des Retters auf einer behelfsmäßigen Urkunde ein.

Das hätte mir gepaßt: nicht, wie geschehen, am fatalen 30. Januar geboren zu sein, sondern Ende Februar, Anfang März vierundvierzig in irgendeinem ostpreußischen Kaff, an einem nicht zu benennenden Tag, von einer Mutter Unbekannt, gezeugt vom Vater Gibtesnicht, doch adoptiert vom rettenden Oberbootsmaat Werner Fick, der mich bei nächster Gelegenheit – das geschah in Swinemünde – seiner Ehefrau in Obhut gegeben hätte. Mit meinen sonst kinderlosen Adoptiveltern wäre ich, als der Krieg zu Ende war, vorerst in die britische Besatzungszone, in die zerbombte Stadt Hamburg gezogen. Doch ein Jahr später hätten wir in Ficks Heimatstadt Rostock, die in der sowjetischen Besatzungszone lag und gleichfalls zerbombt war, dennoch Wohnung gefunden. Ab dann wäre ich zwar parallel zu meiner an Mutter gebundenen Biographie aufgewachsen, hätte alles, das Fähnchenschwenken der Jungen Pioniere, die Aufmärsche der FDJ mitgemacht, wäre aber doch von den Ficks umsorgt geblieben. Das hätte mir gefallen können. Gehätschelt von Vater und Mutter, wäre ich als das Findelkind, dessen Windeln nichts über seine Herkunft hatten aussagen wollen, in einem Plattenbauareal groß geworden, hätte Peter und nicht Paul geheißen, wäre als Schiffsbaustudent später von der Rostocker Neptun-Werft übernommen worden, hätte als Konstrukteur einen bis zur Wende sicheren Arbeitsplatz gehabt und wäre, fünfzig Jahre nach meiner Rettung, beim Treffen der Überlebenden im Ostseebad Damp allein und als Frührentner oder mit meinen alt gewordenen Adoptiveltern dabeigewesen, von allen Teilnehmern des Treffens gefeiert, vorgezeigt auf der Bühne: das Findelkind von dazumal.

Irgendwer, von mir aus die verfluchte Vorsehung, war dagegen. Kein Fluchtweg stand offen. Durfte nicht als namenlose Fundsache überleben. Bei günstiger Bootslage wurde, wie es im Bordbuch hieß, Fräulein Ursula Pokriefke, hochschwanger, vom Torpedoboot *Löwe* übernommen. Sogar die Uhrzeit vermerkt: Zweiundzwanzig Uhr fünf. Während in der aufgewühlten See und im Schiffsinneren der *Gustloff* der Tod weiterhin seinen Gewinn einstrich, lag Mutters Niederkunft nichts mehr im Wege.

Diese Einschränkung muß stehenbleiben: Meine Geburt war nicht einzigartig. Die Arie »Stirb und werde« hatte mehrere Strophen. Denn zuvor und danach kamen Kinder ans Licht. Etwa auf dem Torpedoboot *T 36* sowie auf dem spät eingetroffenen Dampfer *Göttingen*, einem Sechstausendtonnenschiff des Norddeutschen Lloyd, das im ostpreußischen Hafen Pillau zweieinhalbtausend Verwundete und mehr als tausend Flüchtlinge, unter ihnen an die hundert Säuglinge, an Bord genommen hatte. Während der Fahrt wurden fünf weitere Kinder geboren, ein letztes kurz bevor das im Geleit fahrende Schiff ein kaum noch von Hilferufen belebtes Leichenfeld erreichte. Doch im Augenblick des Untergangs, zweiundsechzig Minuten nach den Torpedotreffern, kroch einzig ich aus dem Loch.

»Auf die Minute jenau als die *Justloff* absoff«, wie Mutter behauptet, oder wie ich sage: Als die *Wilhelm Gustloff* mit dem Bug voran und bei extremer Schlagseite nach backbord hin zugleich sank und kenterte, wobei von allen Oberdecks rutschende Menschen und gestapelte Flöße, alles, was keinen Halt mehr fand, in die aufschäumende See stürzte, als, auf die Sekunde genau, wie auf Befehl aus dem Nirgendwo, noch einmal die seit den Torpedotreffern erloschene Schiffsbeleuchtung inwendig, sogar auf den Decks ansprang und – wie in Friedens- und KdF-Zeiten – jedem, der Augen hatte, zum letzten Mal Festbeleuchtung bot, als alles ein Ende fand, soll ich ganz normal in der engen Koje des Maschinenoffiziers geboren worden sein; aus Kopflage und ohne Komplikationen, oder wie Mutter sagte: »Das jing wie nix. Ainfach rausjeflutscht biste...«

Sie hat von alldem, was draußen außerhalb der Koje geschah, nichts mitbekommen. Weder die Festbeleuchtung des kenternd sinkenden Schiffes noch den Absturz in sich verknäulter Menschentrauben vom zuletzt aufragenden Heck. Doch soll ich, nach Mutters Erinnerung, mit meinem ersten Schrei jenen weithin tragenden und aus tausend Stimmen gemischten Schrei übertönt haben, diesen finalen Schrei, der von überall herkam: aus dem Inneren des absackenden Schiffsleibes, aus dem berstenden Promenadendeck, vom überspülten Sonnendeck, dem rasch schwindenden Heck und von der bewegten Wasserfläche aufsteigend, in der Tausende lebend oder tot in ihren Schwimmwesten hingen. Aus halbvollen und überfüllten Booten, von engbesetzten Flößen, die von Wellen gehoben wurden, in Wellentälern verschwanden, von überall her stieg gebündelt der Schrei auf und steigerte sich mit dem plötzlich einsetzenden, dann jäh erstickten Heulen der Schiffssirene zu grauenhafter Zweistimmigkeit. Ein nie gehörter, ein kollektiver Endschrei, von dem Mutter sagte und weiterhin sagen wird: »Son Jeschrai kriegste nich mehr raus aussem Jehör...«

Die Stille danach soll nur noch von meinem Gequengel irritiert worden sein. Kaum abgenabelt, lag auch ich still. Als der Kapitän als Zeuge des Untergangs ordnungsgemäß den Zeitpunkt im Bordbuch vermerkt hatte, begann die Besatzung des Torpedobootes wiederum, Überlebende aus der See zu fischen.

Aber das stimmt alles nicht. Mutter lügt. Bin sicher, daß ich nicht auf der *Löwe*... Die Uhrzeit war nämlich... Weil schon, als der zweite Torpedo... Und bei den ersten Wehen Doktor Richter keine Spritze, sondern gleich die Geburt... Ging glatt. Geboren auf schräger, rutschender Pritsche. Alles war schräg, als ich... Nur schade, daß Doktor Richter nicht Zeit fand, auch noch die Urkunde: geboren am, an Bord von, mit genauer Zeitangabe handschriftlich... Jadoch, nicht auf einem Torpedoboot, sondern auf dem verfluchten, auf den Blutzeugen getauften, vom Stapel gelassenen, einst weißglänzenden, beliebten, kraftdurchfreudefördernden, klassenlosen, dreimal vermaledeiten, überladenen, kriegsgrauen, getroffenen, immerfort sinkenden Schiff wurde ich aus Kopf- und in Schräglage geboren. Und mit dem abgenabelten Säugling, der gewickelt und in schiffseigner

Wolldecke verpackt wurde, ist Mutter dann, gestützt auf Doktor Richter und Stationsschwester Helga, ins rettende Boot.

Aber sie will keine Niederkunft auf der *Gustloff*. Lügt sich zwei Matrosen zusammen, die mich in der Kajüte des Maschinenoffiziers abgenabelt haben. Dann wieder soll es der Doktor gewesen sein, der aber zu diesem Zeitpunkt noch nicht an Bord des Torpedobootes war. Selbst Mutter, die sonst alles mit Bestimmtheit weiß, schwankt in ihrer Meinung und läßt, außer den »zwai Mariners« und dem »Onkel Dokter, der mir auffe *Justloff* noch ne Spritze verpaßt hat«, einen weiteren Geburtshelfer aktiv werden: der Kapitän der *Löwe*, Paul Prüfe, soll mich abgenabelt haben.

Da ich meine Geburtsversion, die, zugegeben, eher eine Vision ist, nicht belegen kann, halte ich mich an die von Heinz Schön überlieferten Fakten, nach denen Doktor Richter nach Mitternacht von dem Torpedoboot übernommen wurde. Erst dann ist er bei der Geburt eines anderen Kindes tätig geworden. Sicher bleibt aber, daß der Bordarzt der *Gustloff* nachträglich meinen Geburtsschein, datiert auf den 30. Januar 1945, wenn auch ohne genaue Uhrzeit, ausgestellt hat. Zu meinem Vornamen jedoch hat mir Kapitänleutnant Prüfe verholfen. Mutter will darauf bestanden haben, daß ich Paul, »jenau wie der Käpten vonne *Leewe*«, und unvermeidbar mit Nachnamen Pokriefke heißen sollte. Später haben mich die Jungs in der Schule und bei der FDJ, aber auch Journalisten aus meinem Bekanntenkreis »Peepee« gerufen; und mit P Punkt P Punkt unterzeichne ich meine Artikel.

Der Junge übrigens, der zwei Stunden nach meiner Geburt, also am 31. Januar, auf dem Torpedoboot geboren wurde, hieß fortan auf Wunsch seiner Mutter und des rettenden Schiffes wegen mit Vornamen »Leo«.

Über all das, meine Geburt und über Personen, die auf dem einen oder anderen Schiff dabei geholfen haben sollen, wurde im Internet nicht gestritten; auf der Website meines Sohnes kam ein Paul Pokriefke nicht einmal in Abkürzung seines Namens vor. Absolutes Schweigen über alles, was mich betraf. Mein Sohn sparte mich aus. Online existierte ich nicht. Doch ein weiteres Schiff, das im Augenblick des Untergangs oder Minuten danach, begleitet vom Torpedoboot *T 36*, die Unglücksstelle erreichte, der Schwere Kreuzer *Admiral Hipper*, löste ein später global ausfransendes Gezänk zwischen Konrad und seinem Widersacher, der sich David nannte, aus.

Tatsache ist, daß die *Hipper*, gleichfalls überbelegt mit Flüchtlingen und Verwundeten, nur kurz gestoppt, dann aber abgedreht hat, um weiter Richtung Zielhafen Kiel zu fahren. Während sich Konny als Marineexperte ausgab und die vom Begleitschiff signalisierte U-Bootgefahr als ausreichenden Grund für das Abdrehen des Schweren Kreuzers wertete, hielt David dagegen: Die *Hipper* hätte zumindest einige ihrer Motorbarkassen aussetzen und für andauernden Rettungsdienst freistellen müssen. Außerdem seien durch die Wendemanöver des immerhin zehntausend Tonnen verdrängenden Kriegsschiffes, die mit voller Kraft in unmittelbarer Nähe der Unglücksstelle verliefen, eine Vielzahl in der See treibende Menschen in den Sog des Heckwassers geraten; nicht wenige seien von den Schiffsschrauben zerstückelt worden.

Mein Sohn jedoch gab vor, genau zu wissen, daß das Ortungsgerät des *Hipper*-Begleitschiffes nicht nur U-Bootgefahr ausgemacht habe, vielmehr sei *T 36* zwei zielgerichteten Torpedos ausgewichen. Woraufhin David, als wäre er unter Wasser dabeigewesen, bezeugte, wie unbewegt, ohne das

Sehrohr auszufahren, das erfolgreiche sowjetische U-Boot sich verhalten und keinen einzigen Torpedo abgeschossen habe, doch seien durch die Detonationen der Wasserbomben, abgeworfen von *T 36*, viele, die in Schwimmwesten trieben und nach Hilfe verlangten, zerfetzt worden. Es habe, als Nachspiel zur Tragödie, ein Massaker stattgefunden.

Nun begann die im Internet mögliche Freizügigkeit der totalen Kommunikation. In- und ausländische Stimmen mischten sich. Sogar aus Alaska kam eine Meldung. So aktuell war der Untergang des lange vergessenen Schiffes geworden. Mit dem wie aus der Gegenwart hallenden Ruf »Die *Gustloff* sinkt!« stieß die Homepage meines Sohnes aller Welt ein Window auf und leitete einen, wie sogar David ins Netz gab, »seit langem überfälligen Diskurs« ein. Jadoch! Ein jeder sollte nun wissen und beurteilen, was am 30. Januar 1945 auf Höhe der Stolpebank geschehen war; der Webmaster hatte eine Ostseekarte eingescannt und alle zur Unglücksstelle führenden Schiffswege mit belehrendem Geschick anschaulich gemacht.

Leider verzichtete Konnys Gegenspieler gegen Ende des sich global ausweitenden Gechattes nicht darauf, an die weitere Bedeutung des schlimmen Datums und an den Namensgeber des gesunkenen Schiffes zu erinnern, indem er die Ermordung des Parteifunktionärs Wilhelm Gustloff durch den Medizinstudenten David Frankfurter als »eine einerseits für die Witwe bedauerliche, andererseits – in Anbetracht der Leiden des jüdischen Volkes – notwendige und weitsichtige Tat« darstellte, mehr noch, die Versenkung des großen Schiffes durch ein kleines U-Boot als die Fortsetzung des »ewigen Kampfes Davids gegen Goliath« zu feiern begann. Er steigerte sich, setzte Wörter wie »Erblast« und »Sühnegebot« in den vernetzten Raum. Er rühmte den treffsicheren Kommandanten von *S 13* als würdigen Nachfolger des schießenden Medizinstudenten: »Marineskos Mut und die Heldentat Frankfurters dürfen niemals vergessen werden!«

Sogleich brach im Chatroom Haß aus. »Judengesocks« und »Auschwitzlügner« waren die mildesten Schimpfwörter. Mit der Aktualisierung des Schiffsuntergangs kam der so lange abgetauchte Kampfruf »Juda verrecke!« an die digitale Oberfläche der gegenwärtigen Wirklichkeit: aufschäumender Haß, Haßstrudel. Mein Gott! Wieviel hat sich gestaut, vermehrt sich täglich, drängt zur Tat.

Mein Sohn jedoch übte Zurückhaltung. Eher höflich fragte er nach: »Sag mal, David, könnte es sein, daß du jüdischer Herkunft bist?« Worauf vieldeutige Antwort kam: »Mein lieber Wilhelm, wenn es dir Spaß macht oder sonstwie hilft, kannst du mich bei nächster Gelegenheit gerne ins Gas schicken.«

7

Weiß der Teufel, wer Mutter dickgemacht hat. Mal soll es in der Langfuhrer Elsenstraße ihr Cousin im dunklen Holzschuppen gewesen sein, mal ein Luftwaffenhelfer der Flakbatterie nahe dem Kaiserhafen – »mit Blick auffen Knochenberj« –, dann wieder ein Feldwebel, von dem es hieß, er habe beim Zeugungsakt mit den Zähnen geknirscht. Einerlei, wer sie gestoßen hat, für mich hieß ihr beliebiges Angebot: vaterlos geboren und aufgewachsen, um irgendwann Vater zu werden.

Immerhin gesteht mir jemand, der in Mutters Alter ist und behauptet, sie als Tulla nur flüchtig gekannt zu haben, gönnerhaft zu, in Stichworten meine windschiefe Existenz zu erklären. Er meint: Zwar spreche sich das Versagen dem Sohn gegenüber ohnehin aus, aber wenn ich unbedingt wolle, könne mein Geburtstrauma als mildernder Umstand für väterliches Unvermögen bedacht werden. Dabei müsse allerdings – und jenseits aller privaten Vermutungen – das eigentliche Geschehen im Vordergrund bleiben.

Besten Dank! Verzichte auf Erklärungen. Abschließende Beurteilungen sind mir schon immer zuwider gewesen. Nur soviel: Meine Wenigkeit existiert zufällig nur, denn in Kapitän Prüfes Kajüte lagen, als ich in der benachbarten Koje geboren wurde und meinen ersten Schrei mit dem für Mutter nicht enden wollenden Schrei mischte, drei erfrorene Säuglinge unter einem Tuch. Später sollen weitere dazugekommen sein: blaugefroren.

Nachdem der Schwere Kreuzer *Hipper* mit seinen zehntausend Tonnen Wasserverdrängung Tote und noch Lebendige durch das Wendemanöver zerfetzt und durch Sog abgeräumt hatte, wurde die Suche fortgesetzt. Den beiden Torpedobooten kamen nach und nach weitere Schiffe zu Hilfe, neben den Dampfern einige Minensuchboote und ein Torpedofangboot, zum Schluß *VP1703*, von dem das Findelkind gerettet wurde.

Danach rührte sich nichts mehr. Abgefischt wurden nur noch Tote. Die Kinder, Beine nach oben. Schließlich beruhigte sich die See über dem Massengrab.

Wenn ich jetzt Zahlen nenne, stimmen sie nicht. Alles bleibt ungefähr. Außerdem sagen Zahlen wenig. Die mit den vielen Nullen sind nicht zu fassen. Sie widersprechen sich aus Prinzip. Nicht nur ist die Anzahl aller Personen an Bord der *Gustloff* über Jahrzehnte hinweg schwankend geblieben – sie liegt zwischen sechstausendsechshundert und zehntausendsechshundert –, auch mußte die Zahl der Überlebenden immer wieder korrigiert werden: von anfangs neunhundert auf schließlich tausendzweihundertneunundreißig. Ohne Hoffnung auf Antwort stellt sich die Frage: Was zählt ein Leben mehr oder weniger?

Sicher ist, daß überwiegend Frauen und Kinder den Tod fanden; in peinlich deutlicher Mehrheit wurden Männer gerettet, so alle vier Kapitäne des Schiffes. Petersen, der bald nach Kriegsende starb, sorgte als erster für sich. Zahn, der in Friedenszeiten Geschäftsmann wurde, verlor nur seinen Schäferhund Hassan. Gemessen an der Zahl von grobgeschätzt fünftausend ertrunkenen, erfrorenen, auf Schiffstreppen totgetretenen Kindern, fallen die vor und nach dem Unglück gemeldeten Geburten, darunter meine, kaum ins Gewicht; ich zähle nicht.

Die meisten Überlebenden wurden in Saßnitz auf Rügen, in Kolberg und Swinemünde ausgeschifft. Nicht wenige der Wenigen starben während der Fahrt. Eine Anzahl Lebender und Toter mußte nach Gotenhafen zurück, wo die Lebenden auf Transport mit weiteren Flüchtlingsschiffen warten mußten. Seit Ende Februar war Danzig umkämpft, brannte nieder, entließ Flüchtlingsströme, die sich bis zuletzt auf den von Dampfern, Fährprähmen und Fischkuttern belegten Kaianlagen stauten.

Das Torpedoboot *Löwe* legte am frühen Morgen des 31. Januar im Hafen von Kolberg an. Mit Mutter und ihrem Wickelkind, das Paul hieß, ging Heinz Köhler von Bord. Er war einer der vier zerstrittenen Kapitäne des untergegangenen Schiffes und hat seinem Leben – kaum war der Krieg zu Ende – den Schlußpunkt gesetzt.

Die Schwachen, Kranken und alle mit Erfrierungen an den Füßen wurden von Sanitätskraftwagen abgeholt. Typisch Mutter, daß sie sich zu den Gehfähigen zählte. Wann immer der erste Landgang Episode ihrer Endlosgeschichte war, sagte sie: »Dabai hatt ech nur Strimpfe anne Füß, bis miä ne Oma, die selber Flichtling war, paar Schuhe aussem Koffer raus jeschenkt hat. Die saß auffem Bollerwagen am Straßenrand ond hat janich jewußt, wo wir her sind ond was wir durchjemacht haben alles...«

Das mag stimmen. Der Untergang des einst beliebten KdF-Schiffes wurde im Reich nicht bekanntgegeben. Solche Nachricht hätte der Durchhaltestimmung schaden können. Nur Gerüchte gab es. Aber auch das sowjetische Oberkommando fand Gründe, den Erfolg des Unterseebootes *S 13* und seines Kommandanten nicht im täglichen Rotbannerflottenbericht zu veröffentlichen.

Es heißt, Alexander Marinesko sei nach seiner Rückkehr in den Hafen Turku enttäuscht gewesen, weil man ihn nicht gebührend als Helden gefeiert habe, obgleich er während fortgesetzter Feindfahrt ein weiteres Schiff, den einstigen Ozeandampfer *General von Steuben*, mit zwei Torpedotreffern versenkt hatte. Das geschah aus den Heckrohren am 10. Februar. Der Fünfzehntausendtonner, der von Pillau weg mit über tausend Flüchtlingen und zweitausend Verwundeten – schon wieder diese abgerundeten Zahlen – unterwegs war, sank in sieben Minuten über den Bug. Etwa dreihundert Überlebende wurden gezählt. Ein Teil der Schwerverwundeten lag dicht bei dicht auf dem Oberdeck des schnell sinkenden Schiffes. Mit ihren Pritschen rutschten sie über Bord. Diesen Angriff hatte Marinesko, auf Gefechtstiefe abgetaucht, mit Blick durchs Sehrohr gefahren.

Dennoch zögerte das Oberkommando der baltischen Rotbannerflotte, den doppelt erfolgreichen Kapitän nach dem Einlaufen seines Bootes in den Stützpunkthafen zum »Helden der Sowjetunion« zu ernennen. Das Zögern dauerte an. Während der Kapitän und seine Besatzung vergeblich auf das traditionelle Festessen – ein gebratenes Ferkel, viel Wodka – warteten, ging der Krieg an allen Fronten weiter und näherte sich an der pommerschen Front der Stadt Kolberg. Vorerst blieben Mutter und ich dort in einer Schule einquartiert, von der sie später zu mir auf Langfuhrsch gesagt hat: »Wenigstens jemütlich warm warres da. Ond ne olle Schulbank mit Klappdeckel is daine Wieje jewesen. Hab miä jedacht, main Paulchen fängt frieh schon an, flaißig zu lernen…«

Als die Schule nach Artillerietreffern unbewohnbar wurde, fanden wir in einem Kasemattengewölbe Unterkunft. Kolberg hatte als Stadt und Festung einen in der Historie wurzelnden Ruf. Von ihren Wällen und Bastionen aus war zur Zeit Napoleons Widerstand geleistet worden, weshalb auf Betreiben des Propagandaministeriums ein Durchhaltefilm namens »Kolberg« mit Heinrich George in der Hauptrolle und weiteren Ufa-Größen gedreht wurde. Dieser Farbfilm ist in allen noch nicht zerbombten Kinos des restlichen Reiches gezeigt worden: Heldenkampf gegen Übermacht.

Nun, Ende Februar, wiederholte sich Kolbergs Geschichte. Bald waren Stadt, Hafen und Seebad von Einheiten der Roten Armee und einer polnischen Division eingeschlossen. Unter Artilleriebeschuß begann der Abtransport der Zivilbevölkerung und der die Stadt überfüllenden Flüchtlinge auf dem Seeweg. Wiederum großes Gedränge auf allen Kaianlagen. Mutter jedoch weigerte sich, jemals wieder an Bord eines Schiffes zu gehen. »Selbst wennse miä mit nem Knippel jepriegelt hätten, wär ech nich rauf auf son Kahn...« sagte sie, sobald jemand wissen wollte, wie sie damals mit Säugling aus der belagerten und brennenden Stadt herausgekommen sei. »Na, ain Loch find sich immer«, hieß ihre Antwort. Jedenfalls hat Mutter auch später, selbst bei Betriebsausflügen auf dem Schweriner See, kein Schiff mehr betreten.

Mitte März wird sie sich, mit einem Rucksack und mir beladen, durch die russischen Stellungen geschlichen haben; es kann aber auch sein, daß die russischen Posten mit der jungen Frau und ihrem Säugling ein erbarmendes Einsehen hatten, uns einfach laufen ließen. Wenn ich mich hier, im Moment abermaliger Flucht, als Säugling bezeichne, stimmt das nur eingeschränkt: Mutters Brüste gaben nichts her. Die Milch wollte nicht einschießen. Auf dem Torpedoboot half eine der ostpreußischen Wöchnerinnen aus; sie hatte mehr als genug. Danach war es eine Frau, die unterwegs ihren Säugling verloren hatte. Und auch später – solange die

Flucht dauerte und länger – habe ich immer wieder an fremder Brust gelegen.

Um diese Zeit waren alle Städte entlang der pommerschen Küste entweder vom Feind besetzt oder gefährdet: Stettin eingeschlossen, noch hielt sich Swinemünde. Weiter östlich waren Danzig, Zoppot, Gotenhafen gefallen. Zur Küste hin hatten Einheiten der 2. Sowjetischen Armee bei Putzig die Halbinsel Hela abgeriegelt, und weiter westlich, an der Oder, war bereits Küstrin umkämpft. Das Großdeutsche Reich schrumpfte allseits. Wo Rhein und Mosel zusammenfließen, befand sich Koblenz in amerikanischer Hand. Doch war endlich die Brücke von Remagen zusammengebrochen. An der Ostfront meldete die Heeresgruppe Mitte weitere Frontrücknahme in Schlesien und die immer kritischer werdende Lage der Festung Breslau. Zu alldem hörten die Angriffe amerikanischer und britischer Bomberverbände auf große und mittlere Städte nicht auf. Während zur Freude des englischen Luftmarschalls Harris die Ruinen der Stadt Dresden noch rauchten, fielen Bomben auf Berlin, Regensburg, Bochum, Wuppertal... Die Dämme von Stauseen waren wiederholt Ziel. Und überall hin, doch mit Drang von Ost nach West, zogen Flüchtlinge und wußten nicht, wo bleiben.

Auch Mutter hatte kein bestimmtes Ziel, als sie mit mir, ihrem wichtigsten Gepäckstück, das immerfort greinte, weil ihm Muttermilch mangelte, aus Kolberg herausfand, dann zwischen die Frontlinien geriet, nachts auf Teilstrecken in Güterwagen oder in Wehrmachts-Kübelwagen ein Stück vorankam, oft jedoch zu Fuß zwischen anderen, die mit immer weniger Gepäck unterwegs waren, auf den Beinen blieb, dabei nicht selten flach unter Tieffliegerbeschuß lag, immer weg von der Küste wollte und – stets auf der Suche nach Müttern mit überschüssiger Milch – sich bis nach Schwerin durchschlug. Sie hat mir ihren Fluchtweg mal so, mal so erzählt. Eigentlich wollte sie weiter, über die Elbe nach Westen, aber wir sind in der unzerstörten Hauptstadt des Reichsgaus Mecklenburg hängengeblieben. Das war Ende April, als der Führer Schluß mit sich machte.

Später, als Tischlergesellin und umgeben von Männern, sagte Mutter, nach ihrem Fluchtweg befragt: »Ech könnt euch Romane erzähln. Am schlimmsten warn die Flieger, wennse janz tief ieber ons weg ratatata... Aber immer Schwain jehabt. Sag ech ja, Unkraut verjeht nich!«

Womit sie bei ihrem eigentlichen Thema, dem fortwährend sinkenden Schiff war. Alles andere zählte nicht. Selbst die Enge in unserem nächsten Notquartier – wiederum eine Schule – war für Mutter nicht der Klage wert, zumal sie inzwischen wußte, daß sie mit ihrem Paulchen in einer Stadt Zuflucht gefunden hatte, in der jener Mann geboren wurde, nach dem das Unglücksschiff während scheinbar friedlicher Zeit benannt worden war. Überall stand sein Name. Sogar die Oberschule, in die man uns einquartiert hatte, hieß nach ihm. Als wir nach Schwerin kamen, war er, wohin man auch guckte, namentlich anwesend. So stand am Südufer des Sees noch unzerstört jener aus Findlingen erstellte Ehrenhain und in ihm der große Granit, der siebenunddreißig zu Ehren des Blutzeugen aufgestellt worden war. Ich bin sicher, daß Mutter nur deshalb mit mir in Schwerin geblieben ist.

Bemerkenswert bleibt, daß, seitdem nachträglich und doch wie gegenwärtig der Untergang des Schiffes zelebriert wurde und alle Toten je nach Rechnungsart gezählt, geschätzt, hochgerechnet, dann mit der Zahl der Überlebenden verglichen, schließlich mit den viel weniger zahlreichen Toten der *Titanic* in Vergleich gebracht worden waren, in jenen Gefilden des Internet, die ich gewohnheitsgemäß aufsuchte, für einige Zeit Windstille herrschte. Schon glaubte ich, sein System sei abgestürzt, die Luft sei raus, mein Sohn habe genug, es seien mit dem sinkenden Schiff Mutters Einflüsterungen gegenstandslos geworden. Doch die Ruhe war vorgetäuscht. Plötzlich stellte er mit neu aufgemachter Homepage sein altbekanntes Angebot vor.

Diesmal überwogen Bilder. Ziemlich graustichig abgebildet, doch mit fetten Buchstaben kommentiert, konnte alle Welt den hochragenden Granit bewundern und den unter der Siegesrune in Keilschrift gemeißelten Namen des Blutzeugen entziffern. Zudem wurde dessen Bedeutung anhand gereihter Daten, organisatorischer Leistungen und mit Ausrufezeichen betonter Bekenntnisse herausgestrichen und bis zu dem Tag und der Stunde seiner Ermordung im Lungenkurort Davos als Info ins fortlaufende Programm gerückt.

Wie auf Befehl oder sonstigen Zwang meldete sich David. Anfangs jedoch war nicht der Gedenkstein Thema, sondern der Mörder des Blutzeugen. Triumphierend gab David bekannt, daß im März des Jahres fünfundvierzig etwas zugunsten des seit über neun Jahren im Zuchthaus einsitzenden David Frankfurter geschehen war. Nach vergeblichem Versuch, ein Revisionsverfahren einzuleiten, wurde nunmehr von den Berner Rechtsanwälten Brunschwig und Raas ein Gnadengesuch eingereicht, gerichtet an den Großen Rat des Kantons Graubünden. Meines Sohnes Gegenspieler mußte einräumen, daß dem Begehren, den Rest der auf achtzehn Jahre bemessenen Zuchthausstrafe in Gnaden zu erlassen, erst am 1. Juni 1945, mithin nach Kriegsende entsprochen worden sei. Man habe abwarten müssen, bis der großmächtige Nachbar der Schweiz wie leblos am Boden lag. Weil David Frankfurter nach seiner Entlassung aus dem Sennhof-

Gefängnis des Landes verwiesen wurde, sei er zu dem Entschluß gekommen, sogleich, von den Webstühlen weg, nach Palästina auszureisen, hoffend auf ein zukünftiges Israel.

Bei diesem Thema verlief der Streit zwischen den beiden verbissenen Online-Fightern eher maßvoll. Großzügig befand Konny: »Israel ist okay. Genau dahin gehörte der Mordjude. Konnte sich dort nützlich machen, im Kibbuz oder sonstwo.« Überhaupt habe er nichts gegen Israel. Dessen schlagkräftige Armee bewundere er sogar. Und völlig einverstanden sei er mit der Entschlossenheit der Israelis, Härte zu zeigen. Es bleibe ihnen ja keine andere Wahl. Palästinensern und ähnlichen Moslems gegenüber dürfe man keinen Fingerbreit nachgeben. Klar, wenn alle Juden, wie damals der Mordjude Frankfurter, ins Gelobte Land abhauen würden, fände er das in Ordnung, »dann ist der Rest der Welt endlich judenfrei!«

Diese Ungeheuerlichkeit nahm David hin; er gab meinem Sohn im Prinzip sogar recht. Offenbar machte er sich Sorgen: Was die Sicherheit der in Deutschland lebenden jüdischen Mitbürger betreffe, zu denen er sich zähle, sei das Schlimmste zu befürchten, der Antisemitismus nehme rapide zu. Wieder einmal müsse man die Ausreise erwägen. »Auch ich werde wohl demnächst meinen Koffer packen ...« Woraufhin Konny »Gute Reise« wünschte, dann aber indirekt zu verstehen gab, daß es ihm Spaß bereiten würde, wenn sich Gelegenheit fände, seinem Freundfeind David vor dessen Abreise – nicht nur online – zu begegnen: »Wir sollten uns kennenlernen, bißchen beschnuppern, möglichst bald ...«

Sogar einen Treffpunkt schlug er vor, ließ aber das Datum der erwünschten Begegnung offen. Dort, wo einst im Ehrenhain der Granit überragend seinen Standort gehabt habe und wo heute so gut wie nichts an den Blutzeugen erinnere, weil Grabschänder Stein und Ehrenhalle abgeräumt hätten, genau dort, wo in nicht allzu ferner Zukunft wiederum ein Gedenkstein aufgerichtet werden müsse, an geschichtsträchtiger Stätte solle man sich treffen.

Sofort begann wieder Streit. David war zwar für eine Begegnung irgendwo, aber gegen ein Treffen an verfluchtem Ort. »Absolut spreche ich mich gegen deinen revisionistischen Geschichtsrelativismus aus . . . « Mein Sohn haute auf die gleiche Pauke: »Wer die Geschichte seines Volkes vergißt, ist ihrer nicht wert!« Dem stimmte David zu. Danach nur noch Albernheiten. Sogar Witze erzählten sie sich. Einer – »Was ist der Unterschied zwischen E-Mail und Emil?« – blieb leider ohne Pointe. Stieg zu früh aus.

Bin wiederholt dort gewesen. Zuletzt vor wenigen Wochen, als wäre ich der Täter, als müßte ich immer wieder an den Tatort zurück, als liefe der Vater dem Sohn nach.

Von Mölln aus, wo weder Gabi noch ich Worte fanden, nach Ratzeburg. Von dort fuhr ich über Mustin, ein Dörfchen, hinter dem früher samt Todesstreifen die Grenze verlief und die Straße sperrte, in östliche Richtung. Noch immer ist die alte Bepflanzung der Chaussee mit Kastanienbäumen auf gut dreihundert Meter unterbrochen: links rechts kein Baumbestand. Zu ahnen bleibt, wie tief gestaffelt sich der Arbeiter-und-Bauern-Staat bemüht hat, sein Volk abzusichern.

Nachdem ich den hinterlassenen Kahlschlag hinter mir hatte, breitete sich beiderseits der nun wieder baumbestandenen Chaussee Mecklenburgs weitflächiges Ackerland bis zu den Horizonten hin. Kaum gewellt, wenig Waldfläche. Vor

Gadebusch nahm ich die neugebaute Umgehungsstraße. Vorbei an Baumärkten, Einkaufszentren, den Flachbauten der Autohändler, die mit schlapp hängenden Fahnen versuchten, die Konjunktur zu beleben. Wilder Osten! Erst kurz vor Schwerin, nun auf von kleinwüchsigen Bäumen gesäumter Chaussee, wurde die Gegend hügelig. Ich fuhr zwischen größeren Waldstücken und hörte Drittes Programm: Klassik auf Wunsch.

Nach rechts bog ich dann auf der 106 in Richtung Ludwigslust ab, näherte mich der in mehreren Abschnitten hochgezogenen Plattenbausiedlung Großer Dreesch – einst von fünfzigtausend DDR-Bürgern bewohnt – und parkte meinen Mazda im Bauabschnitt drei, direkt neben dem Lenin-Denkmal in einer Biege, die die Gagarinstraße abschließt. Das Wetter hielt sich. Es regnete nicht. Mittlerweile saniert und mit pastellfarbenen Tönen ansehnlich gemacht, standen die Wohnblöcke in Reihe.

Jedesmal wenn ich Mutter besuche, bin ich erstaunt, daß diese einem estländischen Bildhauer riesengroß geratene Bronze immer noch steht. Zwar guckt Lenin in Richtung Westen, doch ist ihm keine zielweisende Geste gegönnt worden. Beide Hände in den Manteltaschen, wie ein Spaziergänger, der sich eine Pause erlaubt, steht er auf der niedrigen Sockelplatte, deren mit Granit verkleidete untere Stufe im linken Eck gleichfalls in Bronze gefaßt ist. Die in den Guß eingelassene Inschrift erinnert in Großbuchstaben an einen revolutionären Beschluß: »DAS DEKRET ÜBER DEN BODEN«. Nur vorne zeigt Lenins Mantel Farbspuren einer nichtssagend gesprayten Inschrift. Wenig Taubenmist auf den Schultern. Seine zerknautschte Hose ist sauber geblieben.

Ich hielt mich nicht lange in der Gagarinstraße auf. Mutter wohnt im zehnten Stock mit Balkon und Aussicht auf den nahen Fernsehturm. Um ihren immer zu starken Kaffee kam ich nicht herum. Nach der Renovierung der Plattenbauwohnungen sind die Mieten erhöht worden, erträglich, wie Mutter meint. Darüber, nur darüber haben wir gesprochen. Sonst blieb nicht viel zu sagen. Auch wollte sie nicht wissen, was mich, außer dem Kurzbesuch bei ihr, in die Stadt der vielen Seen geführt habe: »Fiehrers Jeburtstag bestimmt nich!« Das Datum meiner Anreise ließ das Ziel erahnen, hörte ich doch, schon in der Tür – und nachdem ich mir einen Blick in Konnys Zimmer versagt hatte –, ihren Kommentar: »Was willste da. Das hilft nu och nischt mehr.«

Über die Hamburger, vormals Lenin-Allee, fuhr ich Richtung Zoo, dann Am Hexenberg lang und parkte den Wagen, als ich traumsicher Ort und Stelle gefunden hatte, neben der Jugendherberge. Hinter der Rückseite des grauverputzten Baus aus den frühen fünfziger Jahren fällt die Süduferbepflanzung des Schweriner Sees steil ab. Unten sieht man den knapp ans Wasser grenzenden Franzosenweg, der von Fußgängern und Radfahrern gerne benutzt wird.

Inzwischen ein heiterer Tag. Eigentlich kein Aprilwetter. Sobald sie durchkam, wärmte die Sonne. In einigem Abstand zur Eingangsseite der Jugendherberge lagen noch immer unbewegt, als sei hier nichts geschehen, die bemoosten Granitbrocken als Reste des vor Jahrzehnten allzu nachlässig abgeräumten Ehrenhains. Zwischen den damals gepflanzten Bäumen dünnstämmiger Wildwuchs. Deutlich, weil nur sparsam aufgeschüttet, hob sich das quadratische Fundament der Ehrenhalle ab, die somit in Umrissen zu erahnen war, wenngleich die frontal gestellte Jugendherberge jeglicher Vorstellung im Weg stand. Links von der Eingangstür, über der in erhabener Schrift der Name der Herberge, Kurt Bürger, zu lesen war, wartete aufgebockt eine Tischtennisplatte auf ein Spiel. In der Tür hing leicht schief ein Schild: »Von 9–16 Uhr geschlossen.«

Ich stand noch lange zwischen den bemoosten Granitbrocken, von denen einer sogar restliche Schrift und ein gemeißeltes Runenzeichen bewahrte. Fundsachen, aus welchem Jahrhundert?

Als Mutter und ich in Schwerin Zuflucht fanden, stand hier noch alles: Findling neben Findling, der Nazibau der Ehrenhalle und der große Granit mit dem Namen des Blutzeugen. Bereits ungepflegt, doch immer noch in Obhut der von den Rändern her zerbröckelnden Partei, sah Mutter die Gedenkstätte. Sie hat mir erzählt, daß sie auf Holzsuche bis zu den damals niedrigen Eichen und Buchen gekommen sei: »Na, wo ons die Beherde einjewiesen hat, gabs ja nuscht fiern Ofen…« Mit ihr waren viele Frauen und Kinder auf Suche.

Noch bevor am 3. Mai zuerst die Amerikaner von ihrem Elbbrückenkopf südöstlich Boizenburg mit Panzern bis Schwerin vorstießen, dann die Engländer kamen – »Ächte Schotten sind das jewesen…« –, hatte man uns in der Schelfstadt, die gegen Kriegsende schon ziemlich baufällig gewesen sein muß, aus dem Schulkeller raus in der Lehmstraße einquartiert. In einen Ziegelbau mit Teerpappendach, der natürlich auf dem Hinterhof stand, wurden wir zwangseingewiesen. Steht immer noch, der Kasten. Waren zwei Zimmerchen mit Küche, Klo auf dem Hof. Sogar einen Kanonenofen hat man uns reingestellt. Das Rohr ging zum Küchenfenster raus. Und um den Ofen zu füttern – Mutter kochte auf der Abdeckplatte –, mußte sie auf der Suche nach Brennholz weit laufen.

So ist sie zum Ehrenhain gekommen. Auch als im Juni die Engländer abgezogen waren und die Rote Armee kam und auf Dauer blieb, standen noch lange die Findlinge mit jeweils eingemeißelten Namen und Runen; die Russen kümmerte das nicht.

Das war seit dem Treffen in Potsdam zwischen den Siegern so abgemacht worden: wir saßen in der sowjetisch besetzten Zone fest, Mutter sogar freiwillig, seitdem sie auf dem größten der gebliebenen Steine, der zum Seeufer hin stand, einen ihr nicht unbekannten Namen entdeckt hatte: »Der Stain hat jeheißen, wie onsere *Justloff* mal hieß...«

Als ich bei meinem letzten Besuch in Schwerin zwischen den bemoosten Granitbrocken vor einem gespaltenen Findling stand und aus der eingemeißelten Keilschrift den Rest des Namens Wilhelm Dahl erraten konnte – vom Vornamen war bis zur Bruchkante nur die Silbe »helm« geblieben –, gab ich der Versuchung nach, mir Mutter auf Holzsuche vorzustellen, wie sie, beladen mit einem Bündel Äste und Reisig, den noch unversehrten Ehrenhain und die offene Ehrenhalle gesehen haben mag. Auf dem knappen Dutzend gereihter Findlinge wird sie die Namen ihr unbekannter, doch offenbar verdienter Parteigenossen – zwischen ihnen Wismars Kreisleiter Dahl – entziffert haben. Ich sehe, wie sie staunend, von kleiner Figur, zudem abgemagert vor dem vier Meter hohen Granit steht, kann aber ihre Gedanken nicht erraten, die sich verwirrt haben mögen, als sie die Inschrift auf dem Stein des Blutzeugen gelesen hatte. Doch wird Mutter, wie ich sie kenne, keine Scheu gekannt haben, inmitten des Hains die Ehrenhalle zu betreten.

Aus Granitquadern gefügt, war sie auf ebener Erde errichtet worden. In die glattgeschliffenen Flächen jener Säulen, die zu den offenen Seiten hin die Halle stützten, hatte ein zeitgenössischer Künstler überlebensgroße SA-Fahnenträger in Umrissen gemeißelt. Außerdem befanden sich im Inneren der Halle, die nicht überdacht war, zehn Bronzetafeln, darauf die Namen der Toten. Und achtmal soll hinter dem Sterbedatum als Todesursache »ermordet« gestanden haben. Der Boden der Halle war verdreckt. Das weiß ich von Mutter: »Da hatten Hunde rainjeschissen...«

Der Granit für Wilhelm Gustloff jedoch stand außerhalb der gereihten Findlinge an einer Stelle, die durch die offene Ehrenhalle als besonderer Standort gesehen werden konnte. Von dort aus hatte man einen Weitwinkelblick über den See. Mutter wird in andere Richtung geschaut haben. Und ich bin beim Holzsuchen nie dabeigewesen. Während der Suche nach Brennbarem mag mich in der Lehmstraße eine Frau aus der Nachbarschaft gesäugt haben; die hieß Frau Kurbjun. Mutter hatte ja kaum Brust, auch später nicht, nur zwei spitze Tütchen.

So ist das mit den Denkmälern. Einige werden zu früh errichtet und dann, sobald die Periode speziellen Heldentums vorbei ist, abgeräumt. Andere, wie das Lenin-Denkmal auf dem Großen Dreesch, Ecke Hamburger Allee/Plater Straße, stehen noch immer. Und das Denkmal für den Kommandanten des U-Bootes *S 13* wurde erst vor einem knappen Jahrzehnt, am 8. Mai 1990, also fünfundvierzig Jahre nach Ende des Krieges und siebenundzwanzig Jahre nach Marineskos Tod, in Leningrad, dem heutigen Sankt Petersburg, errichtet: eine dreieckige Granitsäule hebt die überlebensgroße, barhäuptige Bronzebüste des verspätet zum »Helden der Sowjetunion« ernannten Mannes.

Ehemalige Marineoffiziere, mittlerweile in Rente, hatten in Odessa, Moskau und anderswo Komitees gegründet und beharrlich den Ruhm des dreiundsechzig verstorbenen Kapitäns eingeklagt. In Königsberg, wie Kaliningrad bis Kriegsende hieß, ist sogar das Pregelufer hinterm Bezirksmuseum nach ihm benannt worden. So heißt diese Straße immer noch, während Schwerins Schloßgartenallee, die ab siebenunddreißig Wilhelm-Gustloff-Allee hieß, wieder unter altem Namen in die Nähe des einstigen Ehrenhains führt; wie seit der Wende die Lenin-Allee als Hamburger Allee am weiterhin standhaften Denkmal vorbei die Plattenbausiedlung Großer Dreesch durchläuft. Immerhin ist Mutters Adresse, die den Ruhm des Kosmonauten Gagarin feiert, sich treu geblieben.

Eine Lücke fällt auf. Nach dem Medizinstudenten David Frankfurter ist nichts benannt worden. Keine Straße, keine Schule heißt nach ihm. Nirgendwo wurde dem Mörder Wilhelm Gustloffs ein Denkmal errichtet. Keine Website warb für die Aufstellung einer David-und-Goliath-Skulptur, womöglich am Tatort Davos. Und hätte der Feindfreund meines Sohnes eine derartige Forderung ins Netz gestellt, wäre gewiß auf Haßseiten die Abräumung des Denkmals durch ein glatzköpfiges Sonderkommando angekündigt worden.

Das ist schon immer so gewesen. Nichts hält auf ewig. Dabei hatten sich die Kreisleitung der NSDAP Schwerin und der Oberbürgermeister der Stadt gleich nach der Ermordung Gustloffs viel Mühe gegeben, den Ehrenhain für alle Ewigkeit zu gestalten. Schon im Dezember sechsunddreißig, als im schweizerischen Chur der Prozeß gegen Frankfurter abgeschlossen, das Urteil gesprochen war, wurden auf Mecklenburgs Äckern Findlinge gesucht, damit aus ihnen eine Mauer als Einfriedung des Ehrenhains errichtet werden konnte. In der Anweisung hieß es: »Zu diesem Zweck werden sämtliche Natursteine in jeder Größe benötigt, die bei

Bauten und auf der Schweriner Feldmark gefunden werden...« Und aus einem Schreiben des Gauschulungsleiters Rohde geht hervor, daß die Landeshauptstadt sich verpflichtet fühlte, die Gauleitung in finanzieller Hinsicht zu unterstützen, und zwar »mit einem Kostenzuschuß von rund RM 10 000«.

Als am 10. September 1949 der Abriß des Ehrenhains und die Umbettung der Leichen und Urnen so gut wie abgeschlossen war, betrugen die Kosten weniger, denn unterm entnazifizierten Briefkopf des Oberbürgermeisters heißt es: »Die Ausgaben sind der Landesregierung zwecks Rückerstattung im Betrage von 6 096,75 Mark mitgeteilt...«

Allerdings steht auch zu lesen, daß die »Aschereste des Wilhelm Gustloff« nicht auf den städtischen Friedhof übergeführt werden konnten: »Die Urne des G. befindet sich nach Aussagen des Steinmetzmeisters Kröpelin im Fundament des Gedenksteins. Ein Herausnehmen der Urne ist z. Zt. unmöglich...«

Das geschah erst Anfang der fünfziger Jahre, kurz bevor die Jugendherberge gebaut und im Gedenken an den kürzlich verstorbenen Antifaschisten Kurt Bürger benannt wurde. Um diese Zeit befand sich der U-Bootheld Marinesko bereits seit drei Jahren in Sibirien.

Gleich nachdem *S 13* in den finnischen Hafen Turku eingelaufen war, begannen mit erstem Landgang die Schwierigkeiten für einen Mann, der sich gefeiert sehen wollte. Obgleich ihm das NKWD-Dossier, seine bislang vor Gericht nicht verhandelten Vergehen bedrohlich blieben, hörte er nicht auf, nüchtern oder vom Wodka enthemmt die Anerkennung seiner Heldentaten zu fordern. Zwar wurde *S 13* als »Rot-Flaggenboot« ausgezeichnet, zwar konnten sich alle Besatzungsmitglieder des Bootes den »Orden des vaterländischen Krieges« an die Brust heften, auch war ihnen ein weiterer Orden, jener der »Roten Fahne«, der Stern, Hammer und Sichel zum Motiv hatte, verliehen worden, aber zum »Helden der Sowjetunion« wurde Alexander Marinesko nicht ausgerufen. Schlimmer noch: in den offiziellen Berichten der baltischen Rotbannerflotte fehlte weiterhin jeder Hinweis auf die Versenkung des Fünfundzwanzigtausendtonnenschiffes *Wilhelm Gustloff,* und kein Wort bezeugte das schnelle Sinken der *General Steuben.*

Es war, als hätten aus Bug- und Heckrohren des Unterseebootes nur Phantomtorpedos nicht existierende Zielobjekte gesucht und folgenlos getroffen. Die immerhin gut zwölftausend Toten auf seinem Konto zählten nicht. Schämte sich die oberste Marineleitung wegen der nur grob zu schätzenden Zahl ertrunkener Kinder, Frauen und Schwerverwundeter? Oder sind Marineskos Erfolge im Siegesrausch der letzten Kriegsmonate, als Heldentaten im Überfluß produziert wurden, untergegangen? Sein lärmendes Insistieren war nicht zu überhören. Nichts konnte ihn hindern, bei jeder sich bietenden Gelegenheit seine Erfolge großzuschreiben. Er wurde lästig.

Als ihm im September fünfundvierzig das Kommando über sein Unterseeboot entzogen und er bald danach zum Oberleutnant degradiert und im Oktober aus der sowjetischen Marine entlassen wurde, hieß die Begründung des unehrenhaften Abschieds in drei Stufen: »...wegen gleichgültiger und nachlässiger Einstellung zum Dienst.«

Nach Ablehnung seiner Bewerbung bei der Handelsmarine – er sei auf einem Auge kurzsichtig, hieß der Vorwand – fand Marinesko Arbeit als Verwalter eines Lagers, das die Zuteilung von Baumaterial regelte. Es dauerte nicht lange, bis er Anlaß sah, mit zu wenigen Beweisen den Direktor des Kollektivs zu beschuldigen, Bestechungsgelder angenommen, Parteifunktionäre geschmiert, Material verschoben zu haben; woraufhin man ihn verdächtigte, beim allzu großzügigen Verteilen von nur leicht beschädigten Bauteilen gegen Gesetze verstoßen zu haben. Ein Sondergericht verurteilte Marinesko zu drei Jahren Arbeitslager.

Er wurde nach Kolyma am Ostsibirischen Meer deportiert, an einen Ort, der zum »Archipel Gulag« gehörte, über dessen Alltag geschrieben worden ist. Erst zwei Jahre nach Stalins Tod hatte er, räumlich gesehen, Sibirien hinter sich. Krank kam er zurück. Doch erst nach Beginn der sechziger Jahre wurde der beschädigte U-Bootheld rehabilitiert. Wiederum kam ihm der Rang eines Kapitäns 3. Klasse zu, nunmehr im Ruhestand und mit Anspruch auf Pension.

Jetzt muß ich mich im Rückgriff wiederholen. Deshalb steht hier: Als in Ost und West Stalins Tod bekanntgemacht wurde, habe ich Mutter weinen sehen. Sogar Kerzen ließ sie brennen. Ich stand achtjährig am Küchentisch, mußte nicht zur Schule, hatte die Masern oder sonst was Juckendes hinter mir, pellte Kartoffeln, die zu Margarine und Quark auf den Tisch sollten, und sah, wie Mutter hinter brennenden Kerzen über Stalins Tod weinte. Kartoffeln, Kerzen und Tränen waren damals knapp. Während meiner Kindheit in der Lehmstraße, und solange ich in Schwerin Oberschüler gewesen bin, habe ich sie nie wieder weinen sehen. Als Mutter sich ausgeweint hatte, bekam sie einen abwesenden, ihren Binnichtzuhauseblick, den auch Tante Jenny seit Kinderjahren kennt. Auf dem Tischlereihof der Langfuhrer Elsenstraße hat man dazu gesagt: »Tulla macht wieder mal ainjetäpperte Feneten.«

Nachdem sie den Tod des großen Genossen Stalin genug beweint hatte und danach längere Zeit ohne Blick gewesen war, gab es, wie vorbereitet, Pellkartoffeln zu Quark mit einem Klacks Margarine.

Um diese Zeit machte Mutter ihren Meister und leitete bald im Schweriner Möbelwerk eine Tischlereibrigade, die nach Soll Schlafzimmermöbel fertigte und Anweisung hatte, diese im Sinne der Völkerfreundschaft in die Sowjetunion zu liefern. So diffus ihr Bild zu jener Zeit gewesen sein mag, genau besehen ist Mutter bis heute Stalinistin geblieben, selbst wenn sie, von mir im Streit angesprochen, ihren Helden kleiner zu machen, abzuwiegeln versucht: »Der war och bloß ain Mensch...«

Und um diese Zeit, als Marinesko dem Klima Sibiriens und den Bedingungen sowjetischer Straflager ausgesetzt blieb, Mutter Stalin die Treue hielt und ich als Junger Pionier auf mein Halstuch stolz war, machte sich David Frankfurter, der seine als chronisch eingeschätzte Knochenkrankheit im Zuchthaus ausgeheilt hatte, in Israels Verteidigungsministerium als Beamter nützlich. Inzwischen war er verheiratet. Später kamen zwei Kinder.

Und weiteres geschah in diesen Jahren: Hedwig Gustloff, die Witwe des ermordeten Wilhelm, verließ Schwerin. Seitdem wohnte sie westwärts der innerdeutschen Grenze in Lübeck. Das Klinkerhaus in der Sebastian-Bach-Straße Nr. 14, das sich das Ehepaar kurz vor dem Mord hatte bauen lassen, war bald nach Kriegsende enteignet worden. Ich sah den soliden Bau, das typische Einfamilienhaus, im Internet. Auf seiner Website war mein Sohn überspannt genug, die Forderung zu stellen, es müsse das zu Unrecht enteignete Gebäude als »Gustloff-Museum« eingerichtet und einem interessierten Publikum zugänglich gemacht werden. Weit über Schwerin hinaus bestehe Bedarf nach sachkundig ausgestellter Information. Von ihm aus könne links vom Fenster des Balkonvorbaus weiterhin eine Bronzetafel verkünden, daß von fünfundvierzig bis einundfünfzig Mecklenburgs erster Ministerpräsident, ein gewisser Wilhelm Höcker, in dem enteigneten Haus gewohnt habe. Auch stoße er sich nicht an der wie folgt auslaufenden Tafelinschrift: »...nach der Zerschlagung des Hitler-Faschismus«. Das sei nun mal Fakt, wie die Ermordung des Blutzeugen Fakt bleibe.

Mein Sohn verstand es, Bilder und Bildchen, Tabellen und Dokumente geschickt zu plazieren. So konnte auf seiner Website nicht nur die Vorder-, auch die Rückseite des überragenden Granits, aufgerichtet am Südufer des Schweriner Sees, besichtigt werden. Er hatte sich Mühe gegeben und neben der fotografierten Gesamtansicht des Steins eine Vergrößerung der sonst schwer lesbaren Inschrift zur Anschauung gebracht, die auf der Hinterseite gemeißelt stand. Übereinander drei Zeilen: »Gelebt für die Bewegung – Gemeuchelt vom Juden – Gestorben für Deutschland«. Da die mittlere Zeile nicht nur den Namen des Täters aussparte, sondern betont alle Juden zu Meuchelmördern erklärte, war anzunehmen – und so wurde es auch später gedeutet –, Konny habe sich von der einseitigen Fixierung auf den historischen David Frankfurter gelöst und seinen Haß auf »den Juden an sich« demonstrieren wollen.

Doch diese Erklärung und auch weitere Suche nach dem Motiv bringen kaum Licht in das, was am Nachmittag des 20. April 1997 geschah. Vor der um diese Zeit geschlossenen und wie unbelebt wirkenden Jugendherberge spielte sich etwas ab, das nicht vorgesehen war und doch auf dem bemoosten Fundament der ehemaligen Ehrenhalle wie eingeübt seinen Abschluß fand.

Was hatte den virtuellen David bewogen, von weither, aus Karlsruhe, wo der achtzehnjährige Gymnasiast als ältester von drei Söhnen bei seinen Eltern wohnte, leibhaftig per Bahn nach Schwerin zu reisen und einer vagen Einladung zu folgen? Und was hatte Konny gejuckt, die übers Internet entstandene, im Grunde fiktive Freundfeindschaft durch eine tatsächliche Begegnung ins Reale zu verlagern? Die Einladung zu dem Treffen lauerte so versteckt im sonstigen Wortmüll ihrer Kommunikation, daß sie nur dem als David zeichnenden Streitbruder verständlich werden konnte.

Nachdem die Jugendherberge als Treffpunkt abgelehnt worden war, hatten sie sich zum Kompromiß bequemt. Man wollte sich dort treffen, wo der Blutzeuge geboren wurde. Eine Quizfrage, da auf der Website meines Sohnes weder Stadt, Straße noch Hausnummer angegeben waren. Dennoch reichte der Hinweis einem Kenner der Materie; und David war wie Konny, der sich online Wilhelm nannte, mit allem, selbst mit unsinnigsten Details der verdammten Gustloff-Story vertraut. Wie sich während des Besuches zeigen sollte, wußte er sogar, daß das Gymnasium, in dem Wilhelm Gustloff bis zur mittleren Reife Schüler gewesen war und das man nach seiner Ermordung, nunmehr als Oberschule, nach ihm benannt hatte, seit DDR-Zeiten Friedensschule heißt. Mein Sohn respektierte nicht nur die umfassenden Kenntnisse seines Gegenspielers, er bewunderte dessen »Genauigkeitstick«.

Also trafen sie einander bei schönstem Frühlingswetter in der Martinstraße vor dem Haus Nr. 2, Ecke Wismarsche Straße. Das besondere Datum hatte David schweigend akzeptiert. Ihre Begegnung ereignete sich vor einer seit kurzem

neu verputzten Fassade, die die Zeit des so lange anhaltenden Verfalls vergessen machen sollte. Es heißt, sie hätten
sich mit Handschlag begrüßt, und David wäre, sich vor-
stellend, dem lang aufgeschossenen Konrad Pokriefke als
David Stremplin entgegengekommen.

Danach stand, auf Konnys Vorschlag, ein Stadtbummel
im Programm. Sogar der immer noch stehende Backstein-
kasten mit Teerpappendach auf einem der Hinterhöfe der
Lehmstraße, wo Mutter und ich während der Nachkriegsjahre gehaust hatten, wurde dem Besucher während der Besichtigung der Schelfstadt wie eine Sehenswürdigkeit gezeigt,
desgleichen die noch immer zerfallenen und die schon renovierten Fachwerkhäuser des pittoresken Viertels. Konny führte David zu allen Plätzen und Verstecken meiner Jugendzeit
so zielsicher, als seien es seine gewesen.

Nach der Schelfkirche Sankt Nikolai, innen wie außen,
war natürlich das Schloß auf der Schloßinsel dran. Man
nahm sich Zeit. Mein Sohn trieb nicht zur Eile. Sogar den
Besuch des benachbarten Museums hatte er vorgeschlagen,
aber sein Gast zeigte kein Interesse, wurde ungeduldig, wollte nun endlich doch das Gelände vor der Jugendherberge
sehen.

Während ihres Stadtbummels haben sie dennoch eine
Pause eingelegt. In einem italienischen Eiscafé hat jeder
eine ziemliche Portion Gelati gelöffelt. Konny gab sich als
zahlender Gastgeber. Und David Stremplin soll freundlich,
doch aus ironischer Distanz von seinen Eltern, dem Atom-
physiker und der Musikpädagogin, erzählt haben. Ich
könnte wetten, daß mein Sohn über Vater und Mutter kein
Wort verloren hat; bestimmt aber wird ihm die Überlebens-
geschichte seiner Großmutter in Andeutungen wichtig gewesen sein.

Dann endlich haben sich die ungleich großen Feind-freunde – der mehr in die Breite gehende David war einen Kopf kleiner – durch den Schloßgarten, vorbei an der Schleif-mühle, über die Schloßgartenallee, die von in strahlendem Weiß aufgeputzten Villen zur teuren Adresse gemacht wor-den war, dann über den Waldschulweg dem Tatort genähert, der sich flach unter Bäumen erstreckte. Anfangs sei es span-nungsfrei zugegangen. David Stremplin habe die Aussicht auf den See gelobt. Hätten auf der Tischtennisplatte vor der Jugendherberge Schläger und Ball gelegen, wäre es viel-leicht zu einem Match gekommen; Konny und David waren leidenschaftliche Tischtennisspieler und hätten eine sich bie-tende Gelegenheit kaum versäumt. Womöglich wäre eine schnelle Partie übers Netz entspannend gewesen und hätte dem Nachmittag einen anderen Verlauf gegeben.

Dann standen sie auf sozusagen historischem Grund. Doch selbst die vom Moos überzogenen Granitbrocken und das Fragment des Findlings mit dem eingemeißelten Runen-zeichen und dem restlichen Namen gaben keinen Anlaß zum Streit. Beide haben sogar zweistimmig über ein Eichhörn-chen gelacht, das von Buche zu Buche sprang. Erst als sie auf dem Fundament der ehemaligen Ehrenhalle standen und als mein Sohn seinem Gast erklärt hatte, wo genau der große Gedenkstein gestanden habe, nämlich hinter der damals nicht vorhandenen Jugendherberge, dann erst, als er die Sichtachse auf den Granit angedeutet, daraufhin den Namen des Blutzeugen auf der Vorderseite des Steins und dann die drei gemeißelten Zeilen der Hinterseite Wort für Wort deklamiert habe, soll David Stremplin »Als Jude fällt mir nur soviel dazu ein« gesagt und dann dreimal auf das ver-mooste Fundament gespuckt, also den Ort des Gedenkens, wie mein Sohn später aussagte, »entweiht« haben.

Gleich danach fielen die Schüsse. Trotz des sonnigen Tages trug Konny einen Parka. Aus einer der geräumigen Taschen, der rechten, zog er die Waffe und schoß viermal. Es war eine Pistole russischer Herkunft. Der erste Schuß traf den Bauch, die folgenden Kopf, Hals und Kopf. David Stremplin stürzte wortlos rücklings. Später legte mein Sohn Wert darauf, genauso oft getroffen zu haben wie einst in Davos der Jude Frankfurter, wenn auch mit keinem Revolver. Und wie dieser hat er von der nächsten Telefonzelle aus sich selbst angezeigt, nachdem er 110 gewählt hatte. Ohne an den Tatort zurückzukehren, machte er sich auf den Weg zur nächsten Polizeiwache, wo er sich mit den Worten »Ich habe geschossen, weil ich Deutscher bin« gestellt hat.

Auf dem Weg dorthin kamen ihm bereits ein Streifenwagen und ein Sanitätsauto, beide mit Blaulicht, entgegen. Doch Hilfe kam für David Stremplin zu spät.

8

Er, der vorgibt, mich zu kennen, behauptet, ich kenne mein eigen Fleisch und Blut nicht. Mag sein, daß mir der Zugang in seine innersten Peinkammern verschlossen geblieben ist. Oder bin ich nicht findig genug gewesen, meines Sohnes Geheimnisse aufzuschlüsseln? Erst als der Prozeß lief, kam ich Konny näher, zwar nicht auf Armeslänge, doch auf Hörweite, habe aber versäumt, vom Zeugenstand aus Rufe wie etwa diesen zu wagen: »Dein Vater steht zu dir!« – oder: »Halt bitte keine Vorträge, mein Sohn. Fasse dich kürzer!«

Wohl deshalb besteht jemand darauf, mich einen »verspäteten Vater« zu nennen. Alles, was ich von mir weg krebsend tue, ziemlich nahe der Wahrheit beichte oder wie unter Zwang preisgebe, geschieht nach seiner Wertung »nachträglich und aus schlechtem Gewissen«.

Und jetzt, da das »Zu spät!« meinen Bemühungen draufgepfropft ist, prüft er den Wust meiner Unterlagen, diesen Zettelkram, will wissen, was aus Mutters Fuchspelz wurde. Dieser noch zu liefernde Nachtrag scheint ihm, dem Boß, besonders wichtig zu sein: Ich möge mein kleinteiliges Wissen nicht mehr zurückhalten, sondern der Reihe nach von Tullas Fuchs berichten, auch wenn mir dieses aus der Mode gekommene Kleidungsstück zutiefst verhaßt sei.

Stimmt. Mutter besaß einen von Anbeginn und trägt ihn immer noch. Ungefähr sechzehn war sie, als ihr, der Straßenbahnschaffnerin mit Käppi und Fahrscheinblock, die auf den Linien 5 und 2 Dienst schob, an der Haltestelle Hoch-striesß von einem Obergefreiten, der zusätzlich als einer meiner möglichen Väter in Frage kommt, das heile und bereits vom Kürschner präparierte Fuchsfell geschenkt worden sein soll. »Der kam verwundet vonne Eismeerfront ond war nu in Oliva auf Jenesungsurlaub«, hieß und heißt die Kurzbe-schreibung meines immerhin denkbaren Erzeugers, denn weder der ominöse Harry Liebenau noch sonst ein unreifer Luftwaffenhelfer hätte auf die Idee kommen können, Mutter einen Fuchs zu schenken.

Und mit diesem wärmenden Fell um den Hals ist sie, als die Pokriefkes eingeschifft wurden, an Bord der *Gustloff* gegangen. Kurz nachdem das Schiff ablegte und sich die Schwangere, gestützt auf einen blutjungen Marinerekruten, Schritt nach Schritt aufs vereiste Sonnendeck wagte, trug sie den Pelz. Griffbereit lag das Fuchsfell neben der Schwimm-weste, als sie in der Station für Wöchnerinnen und Schwan-gere lag und ihr Doktor Richter, gleich nach dem dritten Tor-pedotreffer und den ersten Wehen, eine Spritze verpaßte. Und mit sonst nichts – der Rucksack blieb zurück –, nur mit der umgeschnallten Schwimmweste und dem Fuchs um den Hals, ist Mutter, bevor sie es wurde, ins Rettungsboot gestie-gen und will noch vor der Schwimmweste nach dem Fell gegriffen haben.

So, ohne Schuhe an den Füßen, doch gewärmt vom Pelz, kam sie an Bord des Torpedobootes *Löwe*. Und nur während der bald darauf beginnenden Geburt, also um jene Minute, als die *Gustloff* mit dem Bug zuerst und nach Backbord ken-ternd versank, worauf sich der Schrei der Zigtausend mit meinem ersten Schrei mischte, lag das Fell gerollt abermals neben ihr. Doch als sie, mittlerweile auf einen Schlag weiß-haarig geworden, in Kolberg das Torpedoboot verließ, lief die Mutter mit Säugling zwar auf Strümpfen, trug aber den Fuchs, den kein Schock gebleicht hatte, um den Hals gewürgt.

Sie behauptet, während der andauernden Flucht vor den Russen habe sie mich der Eiseskälte wegen in das Fell gewikkelt. Ohne Fuchs wäre ich bestimmt im Flüchtlingsstau vor der Oderbrücke erfroren. Dem Fuchs alleine – und nicht den Weibern mit überschüssiger Milch – verdanke ich mein Leben. »Ohne den wärste ain Eisklumpen jewesen . . . « Und der Obergefreite, der ihr den Pelz – angeblich das Werk eines Kürschners aus Warschau – verehrt hatte, soll zum Abschied gesagt haben: »Wer weiß, Mädchen, wozu der mal gut sein wird.«

In Friedenszeiten jedoch, als wir nicht mehr frieren mußten, gehörte das fuchsrote Fell nur ihr, lag im Schrank in einem Schuhkarton. Bei passenden und unpassenden Gelegenheiten hat sie es getragen. Zum Beispiel, als sie ihren Meisterbrief bekam, dann bei den Auszeichnungen als »verdiente Aktivistin«, sogar bei Betriebsfesten, wenn ein »bunter Abend« auf dem Programm stand. Und als ich vom Arbeiter-und-Bauern-Staat genug hatte und von Ostberlin aus in den Westen wollte, hat sie mich, den Fuchs um den Hals, zum Bahnhof begleitet. Später, viel später dann, als nach einer kleinen Ewigkeit die Grenze weg war und Mutter Rente bezog, trat sie beim Treffen der Überlebenden im Ostseebad Damp mit ihrem stets gepflegten Fuchsfell auf; einzig sah sie aus zwischen den neumodisch aufgetakelten Damen ihres Alters.

Und als sich Mutter am ersten Prozeßtag, an dem nur die Anklage verlesen wurde und mein Sohn die Tat umstandslos zugab, sich aber jenseits aller Schuld sah – »Ich tat, was ich tun mußte!« –, nicht etwa dorthin setzte, wo Gabi und ich zwangsläufig Seit an Seit saßen, sondern demonstrativ neben den Eltern des von vier Schüssen tödlich getroffenen David Platz nahm, trug sie wie selbstverständlich den Fuchs, der ihr wie eine Schlinge um den Hals lag. Seine spitz zulaufende Schnauze biß oberhalb des Schwanzansatzes in das Fell, so daß die täuschend echt wirkenden Glasaugen, von denen eines während der Flucht verlorengegangen war und ersetzt werden mußte, schräg zu Mutters hellgrauen Augen standen, weshalb ständig ein Doppelblick auf dem Angeklagten lag oder die Richterbank fixierte.

Mir ist es immer peinlich gewesen, sie derart altmodisch kostümiert zu erleben, zumal der Fuchs nicht nach Mutters Lieblingsparfum »Tosca«, sondern vordringlich und zu jeder Jahreszeit nach Mottenkugeln roch; sah zwischendurch mal ziemlich räudig aus, das Biest. Doch sobald sie am zweiten Prozeßtag als Zeugin der Verteidigung aufgerufen wurde und im Zeugenstand auftrat, war selbst ich beeindruckt: wie eine magersüchtige Diva trug sie zur weißlodernden Frisur das farbige Fell und leitete ihre ersten Antworten, obgleich sie nicht vereidigt wurde, mit der Floskel »Ich schwöre...« ein, worauf sie alles, was sie zu sagen wußte, anscheinend mühelos, wenn auch ein wenig gestelzt, auf Hochdeutsch sagte.

Im Gegensatz zu Gabi und mir, die wir von unserem Recht Gebrauch machten und jede Auskunft verweigerten, war Mutter aussagefreudig. Vor versammeltem Gericht, das heißt vor drei Richtern, dem Vorsitzenden und den beisitzenden, sowie den beiden Jugendschöffen, sprach sie wie zu einer Pfingstgemeinde. Man lauschte ihr, als sie den Jugendstaatsanwalt ins Gebet nahm: Im Grunde sei die schreckliche Tat auch ihr schmerzhaft zugefügt worden. Das Herz sei ihr seitdem zerrissen. Ein feuriges Schwert habe sie geteilt. Von einer riesigen Faust sei sie zerschmettert worden.

Am Demmlerplatz, wo im Schweriner Landgericht vor der großen Jugendkammer der Prozeß stattfand, gab sich Mutter als seelisch gebrochen. Nachdem sie das Schicksal verflucht hatte, teilte sie in kleinen und großen Portionen aus, sprach das zur Liebe unfähige Elternpaar schuldig und lobte ihr von bösen Mächten und dem Teufelszeug, dem »Computerding«, in die Irre geleitetes Enkelkind als immer fleißig und höflich, sauberer als sauber, allzeit hilfsbereit und überaus pünktlich, nicht nur, was das Erscheinen zum Abendessen betraf. Sie beteuerte: Seitdem ihr Enkelsohn Konrad bei ihr ein- und ausgehe – diese Freude genieße sie seit dessen fünfzehntem Lebensjahr –, habe selbst sie sich angewöhnt, ihren Tag auf die Minute genau zu regeln. Ja, sie bekenne: Das Computerding mit allem, was dazu gehöre, sei leider ihr Geschenk gewesen. Nicht, daß der Junge von der Großmutter verwöhnt worden sei, ganz im Gegenteil. Da er sich so ungewöhnlich anspruchslos gezeigt habe, sei sie seinem Wunsch nach dem »modernen Zeug« gerne nachgekommen. »Hat sich ja sonst nie was gewünscht!« rief sie und erinnerte sich: »Stundenlang konnte mein Konradchen sich mit dem Dings vergnügen.«

Dann, nachdem sie den verführerisch modernen Kram verflucht hatte, war sie beim Thema. Das Schiff nämlich, von dem bisher kein Mensch irgendwas habe wissen wollen, sei für das Enkelkind zum Anlaß für nie ermüdendes Fragen geworden. Doch habe sich »Konradchen« nicht nur für den Untergang »von dem schönen KdF-Dampfer voller Frauen und Kinderchen« interessiert und nur darüber die überlebende Großmutter ausgefragt, vielmehr sei er, nicht zuletzt auf ihren Wunsch, bereit gewesen, seine enormen Kennt-

nisse, »das ganze Drum und Dran«, mit Hilfe des geschenk-
ten Computers überall hin, bis nach Australien und Alaska
sogar, zu verbreiten. »Das ist ja nicht verboten, Herr Richter.
Oder?« rief Mutter und rückte den Kopf des Fuchses in zen-
trale Position.

Eher beiläufig kam sie dann auf das Mordopfer zu sprechen. Daß sich ihr »Konradchen« auf diese Weise – »über
sein Computerding nämlich« – mit einem anderen Jungen,
ohne ihn persönlich zu kennen, angefreundet habe, selbst
wenn die beiden oft verschiedener Meinung gewesen seien,
habe sie erfreut, weil ihr liebes Enkelkind sonst überall als
Einzelgänger gelte. So sei er nun mal. Sogar das Verhältnis
zu seiner kleinen Freundin aus Ratzeburg – »die hilft da bei
einem Zahnarzt aus« –, müsse als ein eher lockeres angesehen werden – »da ist nie was passiert mit Sex und so weiter«,
das wisse sie genau.

Soviel und noch mehr hat Mutter ziemlich korrekt als
Zeugin der Verteidigung auf Hochdeutsch gesagt, wobei sie
betont gewählt sprach. Konrads »sensibler Umgang mit Ge-
wissensfragen«, seine »unbeugsame Wahrheitsliebe« und
sein »unverbrüchlicher Stolz auf Deutschland« wurden vor
Gericht gerühmt. Doch als ihr vom Jugendstaatsanwalt,
kaum daß sie beteuert hatte, wie wenig es ihr ausmache, daß
Konrads Computerfreund ein Judenjunge gewesen sei, versichert wurde, daß seit längerem bekannt und aktenkundig
sei, daß des Ermordeten Eltern keineswegs jüdischer Herkunft seien, vielmehr komme der Vater Stremplin aus einem
württembergischen Pfarrhaus, und dessen Frau stamme von
einer seit Generationen im Badischen ansässigen Bauern-
familie ab, geriet Mutter sichtlich in Erregung. Sie fummelte
am Fuchsfell, hatte für Sekunden ihren Binnichtzuhauseblick, gab dann ihre hochdeutschen Bemühungen auf und

rief: »Na son Schwindel! Das hat main Konradchen nich wissen jekonnt, daß dieser David ain falscher Jud is. Ainer, der sich ond andere was vorjemacht hat, wenner sich bai jede Jelegenhait wien ächter Jud aufjefiehrt ond immer nur von onsre Schande jered hat...«

Als sie den Ermordeten als »jemainen Liegner« und »falschen Fuffzjer« beschimpfte, wurde ihr vom Vorsitzenden Richter das Wort entzogen. Natürlich zeigte sich Konny, der bis dahin Mutters füchsischen Beteuerungen fein lächelnd zugehört hatte, keineswegs erschrocken, womöglich enttäuscht, als der Jugendstaatsanwalt für Wolfgang Stremplin, der sich online David genannt hatte, einen, wie er sagte, »Nachweis arischer Herkunft« vorlegte und sich dabei ironisch gab. Den Kommentar zu dem, was er ohnehin wußte, lieferte mein Sohn aus ruhiger Gewißheit: »Das ändert nichts am Sachverhalt. Allein ich mußte entscheiden, ob die mir als David bekannte Person als Jude sprach und handelte.« Als ihm vom Vorsitzenden Richter die Frage gestellt wurde, ob er jemals, sei es in Mölln, sei es in Schwerin, einem wirklichen Juden begegnet sei, antwortete er mit einem klaren Nein, fügte aber hinzu: »Für meinen Entschluß war das nicht relevant. Ich schoß aus Prinzip.«

Dann ging es um die Pistole, die mein Sohn nach der Tat vom hochgelegenen Südufer in den Schweriner See geworfen hatte und zu der Mutter nur kurz befand: »Wie hätte ich das Ding finden können, Herr Staatsanwalt? Mein Konradchen hat ja sein Zimmer immer selber saubergemacht. Darauf hat er großen Wert gelegt.«

Zur Tatwaffe befragt, sagte mein Sohn, ihm sei das Schießeisen – übrigens eine 7-mm-Tokarev aus sowjetischen Armeebeständen – schon vor eineinhalb Jahren zur Hand gewesen. Das habe so sein müssen, weil er von rechtsradikalen Jugendlichen aus dem mecklenburgischen Umland bedroht worden sei. Nein, Namen wolle und werde er keine nennen. »Ehemalige Kameraden verrate ich nicht!« Der Anlaß für die Bedrohung sei ein Vortrag gewesen, den er zu jener Zeit auf Einladung einer national gesonnenen Kameradschaft gehalten habe. Dessen Thematik, »Das Schicksal des KdF-Schiffes *Wilhelm Gustloff* von der Kiellegung bis zum Untergang«, werde wohl für einige Zuhörer – »unter ihnen extrem dem Bierkonsum ergebene Dumpfköpfe« – zu anspruchsvoll gewesen sein. Besonders habe seine objektive Einschätzung der militärischen Leistung des sowjetischen U-Bootkommandanten, der das Schiff aus riskanter Position torpediert habe, die Glatzen erbost. Von etlichen Schlägertypen sei er später als »Russenfreund« beschimpft und auf offener Straße wiederholt bedroht und auch tätlich angegriffen worden. »Ab dann war für mich klar, daß man diesen Vulgärnazis nicht waffenlos begegnen darf. Mit Argumenten war denen nicht beizukommen.«

Jener soeben erwähnte Vortrag, der Anfang sechsundneunzig in einer Schweriner Gaststätte, dem Treffpunkt der besagten Kameradschaft, an einem Wochenende gehalten wurde, und zwei weitere Referate, die nicht gehalten werden durften, aber dem Gericht schriftlich fixiert vorlagen, spielten im weiteren Verlauf der Verhandlung eine besondere Rolle.

Was das eine Referat betrifft, haben wir beide versagt. Gabi und ich hätten wissen müssen, was sich in Mölln abgespielt hat. Blind gestellt haben wir uns. Sie als Pädagogin, wenn auch an einer anderen Schule, hat bestimmt zu hören bekommen, warum ihrem Sohn ein Vortrag zu einem brisanten Thema, wie es hieß, »wegen abwegiger Tendenz« verweigert worden ist; doch zugegeben, auch ich hätte mehr Interesse für meinen Sohn beweisen müssen.

Zum Beispiel wäre es möglich gewesen, meine aus beruflichen Gründen leider unregelmäßigen Besuche in Mölln so zu legen, daß ich bei Elternversammlungen hätte Fragen stellen können, selbst wenn es zum Streit mit einem dieser beschränkten Pauker gekommen wäre. Hätte »Warum dieses Verbot? Wo bleibt die Toleranz!« oder Ähnliches rufen können. Womöglich hätte Konnys Vortrag mit dem Untertitel »Die positiven Aspekte der NS-Gemeinschaft ›Kraft durch Freude‹« etwas Farbe in das langweilige Unterrichtsfach Sozialkunde gebracht. Aber ich war auf keiner Elternversammlung dabei, und Gabi meinte, die ohnehin schwierige Situation ihrer Lehrerkollegen nicht durch subjektiv mütterlichen Einspruch erschweren zu dürfen, zumal sie sich selber »strikt gegen jegliche Verharmlosung der braunen Pseudo-Ideologie« ausgesprochen und ihrem Sohn gegenüber immer ihre linken Positionen verteidigt hat, oft zu ungeduldig, wie sie zugeben mußte.

Nichts spricht uns frei. Man kann nicht alles auf Mutter oder die borniert Paukermoral schieben. Und während der Prozeß lief, haben meine Ehemalige und ich – sie eher zögerlich und ständig auf die Grenzen der Pädagogik verweisend – unser beider Versagen eingestehen müssen. Ach, wäre ich, der Vaterlose, doch nie Vater geworden!

Ähnliche Vorwürfe haben sich übrigens die Eltern des armen David gemacht, der mit Vornamen eigentlich Wolfgang hieß und dessen philosemitisches Gebaren offenbar unseren Konny provoziert hatte. Jedenfalls sagte mir Herr Stremplin, als Gabi und ich mit dem angereisten Ehepaar während einer Verhandlungspause ins anfangs gehemmte, dann aber doch ziemlich offene Gespräch kamen, es sei wohl die rein wissenschaftliche Tätigkeit in einem nuklearen Forschungszentrum und gewiß auch seine allzu distanzierte Beurteilung geschichtlicher Vorgänge gewesen, die zur Entfremdung, mehr noch, zur Sprachlosigkeit zwischen ihm und seinem Sohn geführt hätten. Insbesondere habe seine relativ kühle Betrachtungsweise der nationalsozialistischen Herrschaftsperiode kein Verständnis gefunden. »Nunja, das Ergebnis war wachsende Distanz.«

Und Frau Stremplin meinte, Wolfgang sei immer ein Sonderling gewesen. Mit Gleichaltrigen habe er allenfalls beim Tischtennis Kontakt gesucht. Von engeren Beziehungen zu einer Freundin sei ihr nie etwas bekannt geworden. Doch habe ihr Sohn sich schon früh, seit seinem vierzehnten Lebensjahr, den Vornamen David auferlegt und sich wegen der, weiß Gott, sattsam bekannten Kriegsverbrechen und Massentötungen derart in Sühnegedanken gesteigert, daß ihm schließlich alles Jüdische irgendwie heilig gewesen sei. Letztes Jahr habe er sich ausgerechnet zu Weihnachten einen siebenarmigen Leuchter gewünscht. Und irgendwie befremdlich sei es gewesen, ihn vor seinem Einundalles, dem Computer in seinem Zimmer, mit einem Käppchen zu sehen, wie es von frommen Juden getragen werde. »Wiederholt hat er von mir verlangt, nur noch koscher zu kochen!« Allenfalls so könne sie sich erklären, weshalb sich ihr Wolfgang bei seinen Computerspielen als ein David mosaischen Glaubens ausgegeben habe. Ihre Ermahnungen – irgendwann müsse Schluß sein mit den ewigen Anklagen – seien überhört worden. »In letzter Zeit ist uns unser Bub unerreichbar gewesen.« Deshalb wisse sie auch nicht, wie ihr Sohn auf diesen schrecklichen Parteifunktionär und dessen Mörder, einen Medizinstudenten namens Frankfurter, gekommen sei. »Haben wir etwa zu früh aufgehört, erzieherisch auf ihn einzuwirken?«

Frau Stremplin sprach stoßweise. Ihr Mann nickte bestätigend. Wolfgang habe diesen David Frankfurter verehrt. Sein ständiges David-und-Goliath-Gerede sei zwar albern, aber offenbar ernst gemeint gewesen. Die jüngeren Brüder, Jobst und Tobias, hätten ihn des übertriebenen Kultes wegen gefrotzelt. Sogar ein Foto des zur Zeit des Mordes von Davos noch jungen Mannes habe gerahmt auf Wolfgangs Schreibtisch gestanden. Dazu die vielen Bücher, Zeitungsausschnitte und Computerausdrucke. All das werde wohl mit diesem Gustloff und dem nach ihm benannten Schiff zu tun gehabt haben. »Irgendwie schrecklich«, sagte Frau Stremplin, »was damals beim Untergang geschehen ist. Die vielen Kinder. Man wußte davon rein gar nichts. Selbst mein Mann nicht, dessen Hobby die Erforschung der jüngsten deutschen Geschichte ist. Auch ihm hat es an Wissen, was den Fall Gustloff betrifft, leider gefehlt, bis schließlich...«

Sie weinte. Gabi weinte gleichfalls und legte in ihrer Hilflosigkeit eine Hand auf Frau Stremplins Schulter. Auch ich hätte heulen können, aber die Väter begnügten sich mit einem Blick, der wechselseitig Verständnis signalisieren mochte. Wir haben uns noch mehrmals mit Wolfgangs Eltern getroffen, auch außerhalb des Gerichtsgebäudes. Liberale Leute, die eher sich als uns Vorwürfe machten. Immer bemüht, verstehen zu wollen. Wie mir schien, hörten sie während der Verhandlung aufmerksam Konnys in der Regel zu langatmigen Ausführungen zu, als hofften sie, von ihm, dem Mörder ihres Sohnes, Erhellendes zu erfahren.

Mir waren die Stremplins nicht unsympathisch. Er, um die Fünfzig, gab mit Brille und gepflegt grauköpfig den Typ ab, der alles, sogar handfeste Tatsachen relativiert. Sie, Mitte vierzig, doch jünger wirkend, neigte dazu, alles irgendwie unerklärlich zu finden. Als die Rede auf Mutter kam, sagte sie:»Die Großmutter Ihres Sohnes ist gewiß eine bemerkenswerte Person, wirkt aber auf mich irgendwie unheimlich...«

Über Wolfgangs jüngere Brüder hörten wir, daß sie ganz anders geartet seien. Und um die Schulleistungen ihres ältesten Sohnes, dessen Schwächen in den Fächern Mathematik und Physik, machte sie sich noch immer Sorgen, als wäre Wolfgang »irgendwie« lebendig und werde demnächst doch noch das Abitur schaffen.

Wir saßen in einem dieser neu eingerichteten Cafés auf Barhockern um einen zu hohen Rundtisch. Einmütig hatten wir Cappuccino bestellt. Kein Gebäck dazu. Manchmal kamen wir vom Thema ab, so, als wir meinten, den etwa gleichaltrigen Stremplins die Gründe für die frühe Scheidung unserer Ehe gestehen zu müssen. Gabi vertrat kurzum die Ansicht, notwendig gewordene Trennungen seien heute normal und dürften nicht als schuldhaft gewertet werden. Ich hielt mich zurück und überließ meiner Ex alles halbwegs Erklärbare, dann aber wechselte ich das Thema und brachte ziemlich konfus die in Mölln und Schwerin nicht zum Vortrag gekommenen Schulreferate ins Gespräch. Sofort stritten Gabi und ich wie während aschgrauer Ehezeit. Ich behauptete, das Unglück unseres Sohnes – und dessen schreckliche Folgen – sei ausgelöst worden, als man ihm untersagt habe, seine Sicht des 30. Januar dreiunddreißig vorzutragen und darüber hinaus die soziale Bedeutung der NS-Organisation »Kraft durch Freude« darzustellen, doch Gabi unterbrach mich: »Durchaus verständlich, daß der Lehrer hat stopp sagen müssen. Schließlich ging es, was dieses Datum betrifft, um Hitlers Machtergreifung und nicht um den zufällig auf den gleichen Tag datierten Geburtstag einer Nebenfigur, über dessen tiefere Bedeutung sich unser Sohn lang und breit hatte auslassen wollen, insbesondere bei der Abhandlung seines Nebenthemas ›Versäumter Denkmalschutz‹ . . . «

Vor Gericht lief das so ab: in den Zeugenaussagen zweier Lehrer, die jeweils des Angeklagten gute bis sehr gute Schulleistungen bestätigten, wurden die in Mölln und Schwerin nicht gehaltenen Referate verhandelt. Übereinstimmend – und in diesem Fall gesamtdeutsch – sagten beide Pädagogen aus, es seien die nicht zum Vortrag zugelassenen Texte vordringlich von nationalsozialistischem Gedankengut infiziert gewesen, was allerdings auf hinterhältig intelligente Weise zum Ausdruck gekommen sei, etwa durch Propagierung einer »klassenlosen Volksgemeinschaft«, aber auch durch die geschickt eingefädelte Forderung nach »ideologiefreiem Denkmalschutz« in Hinblick auf das eliminierte Grabmal des einstigen Nazifunktionärs Gustloff, den der Schüler Konrad Pokriefke in seinem zweiten nicht zugelassenen Vortrag als »großen Sohn der Stadt Schwerin« vorzustellen gedachte. Die Verbreitung solch gefährlichen Unsinns habe man aus pädagogischer Verantwortung verhindern müssen, zumal es – an beiden Schulen – in wachsender Zahl Schüler und Schülerinnen mit rechtsradikaler Neigung gebe. Der ostdeutsche Lehrer betonte abschließend die »antifaschistische Tradition« seiner Schule; dem westdeutschen fiel nur die ziemlich abgenutzte Formel »Wehret den Anfängen!« ein.

Insgesamt verliefen die Zeugenvernehmungen sachlich, wenn man von Mutters Ausbrüchen absieht, desgleichen von den Aussagen der Zeugin Rosi, die weinend nur immer beteuerte, wie treu sie fernerhin zu ihrem »Kameraden Konrad Pokriefke« stehen werde. Da Verhandlungen vor

Jugendstrafkammern nicht öffentlich sind, fehlte für publikumswirksame Vorträge der Hallraum. Dann jedoch gab der Vorsitzende Richter, der sich manchmal, als wollte er den todernsten Hintergrund des Verfahrens auflockern, kleine Scherze erlaubte, meinem Sohn die Möglichkeit, das Motiv seiner Tat zu belichten, was Konny ausgiebig und hungrig nach freiem Vortrag getan hat.

Natürlich fing er bei Adam und Eva an, was heißen soll, mit der Geburt des späteren Landesgruppenleiters der NSDAP. Indem er dessen organisatorische Leistungen in der Schweiz hervorhob und das Auskurieren der Lungenkrankheit als Sieg »der Stärke über das Schwache« ausrief, gelang es ihm, sich naturgetreu einen Helden zu schnitzen. So fand er Gelegenheit, endlich den »großen Sohn der Landeshauptstadt Schwerin« zu feiern. Wäre Publikum zugelassen gewesen, hätte in den hinteren Reihen zustimmendes Murmeln laut werden können.

Als es in seinem Vortrag – Konrad löste sich bald von Notizen und zitierbarem Material – um die Vorbereitung und Ausführung des Mordes von Davos ging, legte er Wert auf die legale Beschaffung der Tatwaffe und auf die Zahl der abgegebenen Schüsse: »Wie ich, so hat David Frankfurter vier Mal getroffen.« Auch dessen vor dem Kantonsgericht geäußerte Begründung der Tat, er habe geschossen, weil er Jude sei, wurde von meinem Sohn in Parallele gesetzt, dann aber erweitert: »Ich habe geschossen, weil ich Deutscher bin – und weil aus David der ewige Jude sprach.«

Mit dem Prozeß vor dem Kantonsgericht in Chur hielt er sich nicht lange auf, sagte allerdings, daß er – im Gegensatz zu Professor Grimm und dem Parteiredner Diewerge – keine jüdischen Anstifter zur Tat sehe. Aus Gründen der Fairneß müsse gesagt werden: Wie er, so habe auch Frankfurter »ganz aus innerer Notwendigkeit« gehandelt.

Danach ließ Konrad den in Schwerin abgefeierten Staatstrauerakt ziemlich bildhaft ablaufen, gab sogar übers Wetter Auskunft, »leichter Schneefall«, und vergaß bei der Schilderung des Trauerzuges keinen Straßennamen. Dann, nach einem selbst für den geduldigen Richter ermüdenden Exkurs über »Sinn, Aufgabe und Leistung der NS-Gemeinschaft ›Kraft durch Freude‹«, kam er zur Kiellegung des Schiffes.

Dieser Teil seiner Rede vor Gericht bereitete meinem Sohn offensichtlich Spaß. Mit Händen redend gab er Länge, Breite und Tiefgang des Schiffes an. Und mit dem Stapellauf und der Taufe durch die, wie er sagte, »Witwe des Blutzeugen«, fand er Gelegenheit, anklagend auszurufen: »Hier, in Schwerin, ist Frau Hedwig Gustloff gleich nach dem Niedergang des Großdeutschen Reiches widerrechtlich enteignet und später aus der Stadt getrieben worden!«

Dann kam er auf das Innenleben des getauften Schiffes. Über Fest- und Speisesäle, die Kabinenzahl, das Schwimmbad im E-Deck gab er Auskunft. Schließlich sagte er zusammenfassend: »Das klassenlos fahrende Motorschiff *Wilhelm Gustloff* war und bleibt der lebendige Ausdruck des nationalen Sozialismus, beispielhaft bis heute und wahrhaft nachwirkend in alle Zukunft!«

Mir kam es vor, als lauschte mein Sohn nach letztem Ausrufezeichen dem Beifall eines imaginierten Publikums; aber zugleich wird er den um Strenge bemühten, nunmehr Kürze anmahnenden Blick des Richters erfaßt haben. Relativ schnell, wie Herr Stremplin hätte sagen können, kam er zur letzten Fahrt und zur Torpedierung des Schiffes. Die erschreckend hohe Zahl der beim Untergang Ertrunkenen und Erfrorenen nannte er »grob geschätzt« und setzte sie ins Verhältnis zu den Zahlen weit weniger Toter bei anderen Schiffsuntergängen. Dann nannte er die Zahl der Geretteten, hob danksagend die Kapitäne hervor, unterschlug mich, seinen Vater, erwähnte aber seine Großmutter: »Im Saal befindet sich die siebzigjährige Frau Ursula Pokriefke, in deren Namen ich hier und heute Zeugnis ablege«, woraufhin sich Mutter erhob und weißhaarig, mit Fuchs um den Hals, Figur machte. Auch sie trat wie vor großem Publikum auf.

Als wollte Konny den nur ihm hörbaren Beifall beenden, gab er sich nun betont sachlich, würdigte die »verdienstvolle Kleinarbeit« des ehemaligen Zahlmeisterassistenten Heinz Schön und bedauerte die während der Nachkriegsjahre anhaltende Zerstörung des *Gustloff*-Wracks durch tauchende Schatzsucher: »Aber zum Glück haben diese Barbaren weder das Gold der Reichsbank noch das legendäre Bernsteinzimmer gefunden...«

An dieser Stelle glaubte ich ein zustimmendes Nicken des allzu geduldigen Vorsitzenden Richters wahrzunehmen; doch schon setzte sich die Rede meines Sohnes wie selbsttätig fort. Nun sprach er über den Kommandanten des sowjetischen U-Bootes *S 13*. Nach langer Haft in Sibirien sei Alexander Marinesko endlich doch rehabilitiert worden. »Leider hat er sich an der verspäteten Ehrung nur kurze Zeit lang erfreuen können. Bald danach starb er an Krebs...«

Kein Wort der Anklage. Nichts war, wie vormals ins Internet gestellt, über »russische Untermenschen« zu hören. Vielmehr überraschte mein Sohn die Richter und Jugendschöffen, wohl auch den Staatsanwalt, indem er das Mordopfer Wolfgang Stremplin als David um Verzeihung bat. Allzu lange habe er auf seiner Website die Versenkung der *Wilhelm*

Gustloff ausschließlich als Mord an Frauen und Kindern gewertet. Durch David jedoch sei er zu der Einsicht gebracht
worden, daß der Kommandant von *S 13* das für ihn namenlose Schiff zu Recht als militärisches Objekt gewertet habe.
»Wenn hier von Schuld zu sprechen ist«, rief er, »dann muß
die oberste Marineleitung, muß der Großadmiral angeklagt
werden. Er hat zugelassen, daß außer den Flüchtlingen eine
Masse Militärpersonal eingeschifft wurde. Der Verbrecher
heißt Dönitz!«

Konrad machte eine Pause, als müßte er Unruhe im Gerichtssaal, Zwischenrufe abwarten. Aber vielleicht suchte er
nur nach abschließenden Worten. Endlich sagte er: »Ich
stehe zu meiner Tat. Doch bitte ich das Hohe Gericht, die
von mir vollzogene Hinrichtung als etwas zu bewerten, das
nur in größerem Zusammenhang zu begreifen ist. Ich weiß:
Wolfgang Stremplin stand kurz vorm Abitur. Leider konnte
ich darauf keine Rücksicht nehmen. Es ging und geht
um Größeres. Die Landeshauptstadt Schwerin muß endlich
ihren großen Sohn namentlich ehren. Ich rufe dazu auf, am
Südufer des Sees, dort, wo ich auf meine Weise des Blutzeugen gedacht habe, ein Mahnmal zu errichten, das uns und
kommenden Generationen jenen Wilhelm Gustloff in Erinnerung ruft, der vom Juden gemeuchelt wurde. Wie vor
einigen Jahren endlich in Sankt Petersburg der U-Bootkommandant Alexander Marinesko als ›Held der Sowjetunion‹
mit einem Denkmal geehrt worden ist, so gilt es, einen
Mann zu würdigen, der am 4. Februar 1936 sein Leben gab,
auf daß Deutschland endlich vom Judenjoch befreit werden
konnte. Ich scheue mich nicht, anzuerkennen, daß es auf
jüdischer Seite gleichfalls Gründe gibt, entweder in Israel,
wo David Frankfurter zweiundachtzig gestorben ist, oder in
Davos mit einer Skulptur jenen Medizinstudenten zu ehren,

der seinem Volk mit vier gezielten Schüssen ein Zeichen gegeben hat. Oder nur eine Bronzetafel, wäre völlig okay.«

Endlich raffte sich der Vorsitzende Richter auf: »Das
reicht nun aber!« Danach Stille im Saal. Die Erklärungen
meines Sohnes, nein, sein Erguß ist nicht ohne Wirkung
gewesen; das Urteil hat sein Vortrag jedoch weder mildern
noch verschärfen können, denn das Gericht wird den in
Konnys Redefluß mitschwimmenden und in sich schlüssi-
gen Irrsinn erkannt haben; Wahnvorstellungen, die durch
Gutachten mehr oder weniger überzeugend analysiert worden sind.

An sich halte ich nicht viel von diesem sich wissenschaftlich
gebenden Geschreibsel. Kann aber sein, daß der eine Gutachter, der sich als Psychologe aufs desolate Familienleben
spezialisiert hatte, nicht ganz danebenlag, als er Konnys, wie
es bei ihm hieß, »einsame Tat eines Verzweifelten« auf des
Angeklagten Jugend ohne Vater zurückführte und dabei
ursächlich mein vaterloses Herkommen und Aufwachsen
an den Haaren herbeizog. Die zwei anderen Gutachten
waren auf ähnlich ausgetretenen Pfaden unterwegs. Lauter
Schnitzeljagden im familiären Gehege. Am Ende war immer
der Vater schuld. Dabei ist es Gabi gewesen, die als Allein-
erziehungsberechtigte ihren Sohn nicht abgehalten hat, von
Mölln weg nach Schwerin zu ziehen, worauf er endgültig in
Mutters Fänge geraten ist.

Sie, allein sie ist schuldig. Die Hexe mit Fuchspelz um den
Hals. Seit je ein Irrlicht, wie jemand weiß, der sie von früher
her kennt und bestimmt mit ihr was gehabt hat. Denn sobald
er von Tulla redet... Kommt ins Schwärmen... Redet mysti-
sches Zeug... Irgendein kaschubischer oder koschnäwi-

scher Wassergeist, Thula, Duller oder Tul, soll ihr Pate gewesen sein.

Mit schräggestelltem Köpfchen, so daß ihr steingrauer Blick Übereinkunft mit den Glasaugen des Fuchses fand, fixierte Mutter die vortragenden Gutachter. Saß da und hörte sich unbewegt an, wie mein väterliches Versagen als Leitmotiv allem Papiergeraschel beigemengt war und eine ihr gefällige Musik machte. Sie kam in den Gutachten nur am Rande vor. Hieß es doch: »Die an sich wohlwollende großmütterliche Fürsorge hat dem gefährdeten Jugendlichen nicht Vater und Mutter ersetzen können. Allenfalls kann vermutet werden, daß das schwere Schicksal der Großmutter, ihr Überleben als Schwangere sowie die Niederkunft angesichts des sinkenden Schiffes, auf das Enkelkind Konrad Pokriefke einerseits prägend, andererseits durch heftig eingebildetes Miterleben verstörend gewirkt hat...«

Diese von den Gutachtern gehauene Kerbe versuchte der Verteidiger zu vertiefen. Ein bemühter Mann meines Alters, den meine Ehemalige bestellt hatte, dem es aber nicht gelungen war, Konnys Vertrauen zu gewinnen. Immer wenn er von einer »unbedachten, nicht vorsätzlichen Tat« sprach und versuchte, den Mord zum bloßen Totschlag abzumildern, machte mein Sohn alle Bemühungen seines Verteidigers mit freiwilligen Geständnissen zunichte: »Ich nahm mir Zeit und war ganz ruhig dabei. Nein, Haß spielte keine Rolle. Meine Gedanken waren rein sachlicher Art. Nach dem ersten, leider zu tief angesetzten Bauchschuß habe ich die drei weiteren Schüsse gezielt abgegeben. Leider mit einer Pistole. Hätte gerne, wie Frankfurter, einen Revolver zur Verfügung gehabt.«

Konny trat als Verantwortungsträger auf. Zu schnell hochgewachsen, stand er mit Brille und Lockenhaar als Ankläger seiner selbst vor Gericht. Er sah jünger als siebzehn aus, sprach aber so altklug daher, als hätte er Lebenserfahrung in Schnellkursen gesammelt. Zum Beispiel lehnte er ab, die Mitschuld seiner Eltern zu akzeptieren. Nachsichtig lächelnd sagte er: »Meine Mutter ist ganz okay, auch wenn sie mir mit ihrem dauernden Auschwitzgerede oft auf die Nerven gegangen ist. Und meinen Vater sollte das Gericht schnell vergessen, wie ich das seit Jahren tue, ihn glatt vergessen.«

Hat mein Sohn mich gehaßt? War Konny überhaupt fähig zu hassen? Haß auf die Juden hat er mehrmals verneint. Ich neige dazu, von Konrads versachlichtem Haß zu sprechen. Haß auf Sparflamme. Ein Dauerbrenner. Ein sich leidenschaftslos, zwitterhaft vermehrender Haß.

Oder könnte es sein, daß der Verteidiger gar nicht falsch lag, als er die durch Mutter verursachte Fixierung auf Wilhelm Gustloff zur Suche nach einem Vaterersatz umdeutete? Er gab zu bedenken, daß die Ehe der Gustloffs kinderlos gewesen sei. Dem suchenden Konrad Pokriefke habe sich somit eine virtuell aufzufüllende Lücke geboten. Schließlich erlaube die neue Technologie, insbesondere das Internet, solche Flucht aus jugendlicher Einsamkeit.

Für diese Vermutung spricht, daß Konny, sobald ihm der Richter zu diesem Punkt der Verhandlung das Wort erteilte, mit Begeisterung, mehr noch, mit Wärme von dem »Blutzeugen« sprach. Er sagte: »Nachdem meine Nachforschungen ergeben haben, daß Wilhelm Gustloffs soziales Engagement mehr von Gregor Strasser als vom Führer beeinflußt worden ist, habe ich nur in ihm mein Vorbild gesehen, was auf meiner Homepage wiederholt und deutlich zum Ausdruck gekommen ist. Dem Blutzeugen verdanke ich meine innere Haltung. Ihn zu rächen war mir heilige Pflicht!«

Als ihn daraufhin der Jugendstaatsanwalt ziemlich insistierend nach den Gründen für seine Verachtung der Juden befragte, sagte er: »Das sehen Sie völlig falsch! Im Prinzip habe ich nichts gegen Juden. Doch vertrete ich, wie Wilhelm Gustloff, die Überzeugung, daß der Jude innerhalb der arischen Völker ein Fremdkörper ist. Sollen sie doch alle nach Israel gehen, wo sie hingehören. Hier sind sie nicht zu ertragen, dort braucht man sie dringend im Kampf gegen eine feindliche Umwelt. David Frankfurter lag total richtig mit seiner Entscheidung, gleich nach der Entlassung aus der Haft nach Palästina zu gehen. War völlig okay, daß er später in Israels Verteidigungsministerium Arbeit gefunden hat.«

Im Verlauf des Prozesses konnte man den Eindruck gewinnen, von allen, die dort zu Wort kamen, rede einzig mein Sohn Klartext. Schnell kam er zur Sache, behielt den Durchblick, hatte für alles eine Lösung parat und brachte seinen Fall auf den Punkt, während Anklage und Verteidigung, die dreieinigen Gutachter und auch der Richter samt Beisitzern und Schöffen hilflos auf der Suche nach dem Tatmotiv herumirrten, wobei sie Gott und Freud als Wegweiser bemühten. Ständig strengten sie sich an, den, wie der Verteidiger sagte, »armen Jungen« zum Opfer gesellschaftlicher Verhältnisse, einer gescheiterten Ehe, schulisch einseitig orientierter Lernziele und einer gottlosen Welt zu machen, schließlich sogar, wie meine Ehemalige sich erkühnte, »die von der Großmutter über den Sohn an Konrad weitergereichten Gene« schuldig zu sprechen.

Vom eigentlichen Opfer der Tat, dem Beinahe-Abiturienten Wolfgang Stremplin, der sich online zum Juden David erhöht hatte, war vor Gericht so gut wie nie die Rede. Schamhaft blieb er ausgespart, kam nur als Zielobjekt vor. So meinte der Verteidiger, ihm die provozierende Vortäuschung falscher Tatsachen ankreiden zu dürfen. Zwar blieb der Befund »selber schuld« unausgesprochen, doch nistete er in Nebensätzen wie diesen: »Das Opfer habe sich geradezu angeboten.« Oder: »Es war mehr als fahrlässig, den Internet-Streit in die Wirklichkeit zu verlagern.«

Jedenfalls kamen dem Täter größere Portionen Mitleid zu. Wohl deshalb ist das Ehepaar Stremplin noch vor der Verkündung des Urteils abgereist. Das taten sie, nicht ohne Gabi und mir in einem Café gegenüber dem Gerichtsgebäude zu versichern, daß eine zu harte Bestrafung unseres Sohnes nicht in ihrem, gewiß nicht in Wolfgangs Sinn sein könne. »Wir sehen uns frei von irgendwie gearteten Rachegelüsten«, sagte Frau Stremplin.

Wäre ich rein berufsmäßig, das heißt als Journalist zugelassen gewesen, hätte ich das auf Totschlag abgemilderte Urteil als ein »zu geringes Strafmaß«, wenn nicht gar als »Justizskandal« kritisiert; so aber, jenseits meiner Journalistenpflicht und ganz auf meinen Sohn konzentriert, der die sieben Jahre Jugendhaft unbewegt hinnahm, war ich entsetzt. Verlorene Jahre! Er wird vierundzwanzig sein, falls er die Strafe voll absitzen muß. Durch tagtäglichen Umgang mit Kriminellen und wirklichen Rechtsradikalen verhärtet, wird er dann zwar in Freiheit leben, doch voraussichtlich wiederum straffällig werden und abermals in Haft kommen. Nein! Dieses Urteil ist nicht hinzunehmen.

Konny jedoch weigerte sich, die vom Anwalt aufgezeigte Möglichkeit zu nutzen, durch Wiederaufnahme des Prozesses eine Revision des Urteils zu erstreiten. Ich kann nur wiedergeben, was er zu Gabi gesagt haben soll: »Einfach schwer zu kapieren, daß ich nur sieben Jahre bekommen habe. Den Juden Frankfurter haben sie damals zu achtzehn Jahren verknackt, von denen er allerdings nur neuneinhalb abgesessen hat..."

Mich wollte er nicht sehen, bevor er abgeführt wurde. Und noch im Gerichtssaal hat er nicht etwa seine Mutter, sondern seine Großmutter umarmt, die ihm, trotz hochhakkiger Schuhe, nur bis zur Brust reichte. Als er gehen mußte, blickte er sich noch einmal um; kann sein, daß er Davids oder Wolfgangs Eltern gesucht und vermißt hat.

Als wir kurz danach vor dem Landgerichtsgebäude auf dem Dremmlerplatz standen und ich mir endlich eine Zigarette ins Gesicht stecken konnte, erlebten wir Mutter in Wut. Sie hatte den Fuchs und mit dem Fell und Halsschmuck für offizielle Anlässe ihr gestelztes Hochdeutsch abgelegt: »Das is doch kaine Jerechtichkait!« Wütend riß sie mir die Zigarette aus dem Mundwinkel, zertrampelte sie stellvertretend für irgend etwas, das zu vernichten war, schrie anfangs und redete sich dann in Eifer: »Schwainerei is das! Jiebt kaine Jerechtichkait mehr. Nich das Jungchen, mich hätten se ainlochen jemußt. Na ja doch, ech binnes jewesen, die ihm erst das Computerding und dann das Schießaisen auf vorletzte Ostern jeschenkt hat, weil se main Konradchen perseenlich bedroht ham, die Glatzköppe. Ainmal kam er richtig blutig jeschlagen nach Haus. Hat aber nich jewaint, kain bißchen. Aber nai! Das lag schon lang inne Kommode von mir. Hab ech glaich nach de Wende auffem Russenmarkt jekauft. War janz billig. Aber vor Jericht hat mir ja kainer jefragt, na, wo es herkommt, das Ding..."

9

Eine Verbotstafel, die von Beginn an stand. Strikt hat er mir untersagt, mit Konnys Gedanken zu spekulieren, das, was er denken mochte, als Gedankenspiel in Szene zu setzen, womöglich aufzuschreiben, was im Kopf meines Sohnes zu Wort kommen und zitierbar werden könnte.

Er sagt: »Niemand weiß, was er dachte und weiterhin denkt. Jede Stirn hält dicht, nicht nur seine. Sperrzone. Für Wortjäger Niemandsland. Zwecklos, die Hirnschale abzuheben. Außerdem spricht keiner aus, was er denkt. Und wer es versucht, lügt mit dem ersten Halbsatz. Sätze, die so beginnen: Er dachte in jenem Augenblick... oder: In seinen Gedanken hieß es... sind immer schon Krücken gewesen. Nichts schließt besser als ein Kopf. Selbst gesteigerte Folter schafft keine lückenlosen Geständnisse. Ja, sogar in der Sekunde des Todes kann gedanklich geschummelt werden. Deshalb können wir auch nicht wissen, was sich Wolfgang Stremplin gedacht hat, als in ihm der Entschluß keimte, im Internet als Jude David eine Rolle zu spielen, oder was in seinem Kopf wortwörtlich vorging, als er stehend vor der Jugendherberge ›Kurt Bürger‹ sah, wie sein Freundfeind, der sich online Wilhelm genannt hatte, nun, als Konrad Pokriefke, die Pistole aus der rechten Tasche seines Parka zog und nach dem ersten, dem Bauchschuß, mit drei weiteren Schüssen seinen Kopf und dessen verschlossene Gedanken traf. Wir sehen nur, was wir sehen. Die Oberfläche sagt nicht alles, aber genug. Keine Gedanken also, auch keine nachträglich ausgedachten. So, sparsam mit Worten, kommen wir schneller zum Schluß.«

Wie gut, daß er nicht ahnt, welche Gedanken ganz gegen meinen Willen aus linken und rechten Gehirnwindungen kriechen, entsetzlich Sinn machen, ängstlich gehütete Geheimnisse preisgeben, mich bloßstellen, so daß ich erschrocken bin und schnell versuche, anderes zu denken. Zum Beispiel dachte ich an ein Geschenk für Neustrelitz, an etwas, das ich für meinen Sohn mir auszudenken versuchte, eine kleine Aufmerksamkeit, geeignet für den ersten Besuchstag.

Da ich alle den Prozeß kommentierenden Zeitungsberichte per Ausschnittdienst zugeschickt bekommen hatte, lag mir aus der »Badischen Zeitung« ein Foto von Wolfgang Stremplin vor. Darauf sah er nett, aber nicht besonders aus. Ein Abiturient vielleicht, gewiß jemand im wehrpflichtigen Alter. Er lächelte mit dem Mund und wirkte um die Augen ein wenig traurig. Sein dunkelblondes Haar trug er ohne Scheitel leicht gewellt. Ein junger Mann, der aus offenem Hemdkragen den Kopf nach links neigte. Womöglich ein Idealist, der weißnichtwas dachte.

Im übrigen war die Kommentierung des Prozesses gegen meinen Sohn, vom Umfang her, enttäuschend mäßig ausgefallen. Zur Zeit der Verhandlung hatte es in beiden Teilen des nun vereinten Deutschland eine Reihe rechtsradikaler Straftaten gegeben, unter ihnen der versuchte Totschlag mit Baseballschlägern an einem Ungarn in Potsdam und die Niederknüppelung eines Bochumer Rentners mit Todesfolge. Unablässig und überall schlugen Skins zu. Politisch motivierte Gewalt gehörte mittlerweile zum Alltag, desgleichen Appelle gegen rechts; so auch das Bedauern von Politikern, die den Gewalttätern in Nebensätzen verpackten Zunder lieferten. Es kann aber auch sein, daß der unbestreitbare Sachverhalt, demzufolge Wolfgang Stremplin kein Jude gewesen ist, das Interesse am laufenden Prozeß gemindert hat, denn anfangs, gleich nach der Tat, hatte es bundesweit fette Schlagzeilen gegeben: »Jüdischer Mitbürger erschossen!« und »Feiger Mord aus Judenhaß!« So auch die Betitelung des Fotos – »Das Opfer der jüngsten antisemitischen Gewalttat« –, die ich unterm Bild abgeschnitten habe.

Und so befand sich bei meinem ersten Besuch in der Jugendhaftanstalt – einem ziemlich maroden Gebäude, das nach Abriß verlangte – als Mitbringsel in meiner Brusttasche das Pressefoto von Wolfgang Stremplin. Konny sagte sogar danke, als ich ihm die nur einmal gefaltete Ablichtung zuschob. Er strich sie glatt, lächelte. Unser Gespräch verlief schleppend, doch immerhin sprach er mit mir. Im Besucherraum saßen wir uns gegenüber; an anderen Tischen hatten gleichfalls jugendliche Straftäter Besuch.

Da mir verboten worden ist, der Stirn meines Sohnes Gedanken abzulesen, bleibt nur zu sagen, daß er sich, seinem Vater konfrontiert, wie gewohnt verschlossen, aber nicht abweisend zeigte. Sogar eine Frage nach meiner journalistischen Arbeit war mir vergönnt. Als ich ihm von einer Reportage über das in Schottland geklonte Wunderschaf Dolly und dessen Erfinder berichtete, sah ich ihn lächeln. »Dafür wird sich Mama bestimmt interessieren. Sie hat es ja mit den Genen, speziell mit meinen.«

Dann hörte ich von der Möglichkeit, im Freizeitraum der Anstalt Tischtennis zu spielen, und erfuhr, daß er mit drei anderen Jugendlichen eine Zelle teilte, »schräge Typen, aber harmlos«. Er habe, hieß es, seine eigene Ecke samt Tisch und Bücherbord. Außerdem sei Fernunterricht möglich. »Mal was Neues!« rief er. »Werde mein Abi hinter Gefängnismauern bestehen, sozusagen in Dauerklausur.« Mir gefiel es nur wenig, daß Konny versuchte witzig zu sein.

Als ich ging, löste mich seine Freundin Rosi ab, die bereits verweint aussah, als sie, wie in Trauer, ganz in Schwarz kam. Ein allgemeines Kommen und Gehen bestimmte den Besuchstag: schluchzende Mütter, verlegene Väter. Der Aufsichtsbeamte, der die Geschenke eher nachlässig kontrollierte, ließ das Foto von Wolfgang als David passieren. Vor mir ist bestimmt Mutter bei ihm gewesen, womöglich gemeinsam mit Gabi; oder haben die beiden kurz nacheinander Konny besucht?

Zeit verging. Ich fütterte nicht mehr das Wunderschaf Dolly mit holzhaltigem Papier, trat anderen Sensationen auf die Hacken. Und beiläufig ging eine meiner kurzlebigen Weibergeschichten – diesmal war es eine Fotografin, die sich auf Wolkenbildungen spezialisiert hatte – ziemlich geräuscharm zu Ende. Dann stand wieder ein Besuchstag im Kalender.

Kaum saßen wir uns gegenüber, da erzählte mir mein Sohn, er habe in der Anstaltswerkstatt einige Fotos hinter Glas gerahmt und unters Bücherbord gehängt: »Klar, auch das von David.« Außerdem waren zwei Fotos verglast worden, die zu seinem Website-Material gehört hatten und die ihm auf Wunsch Mutter geliefert haben wird. Es handelte sich um Ablichtungen, die jeweils den Kapitän 3. Klasse Alexander Marinesko zum Motiv hatten, doch, wie mein Sohn sagte, einander unähnlicher nicht hätten sein können. Er habe sich die Kopien aus dem Internet gefischt. Zwei Marinesko-Fans hätten behauptet, das jeweils wahre Bild im Frame zu haben. »Ein komischer Streit«, sagte Konny und holte die wie Familienfotos gerahmten Abbildungen unter seinem ewig haltbaren Norwegerpullover hervor.

Sachlich wurde ich belehrt: »Der mit dem runden Gesicht neben dem Sehrohr ist im Petersburger Marinemuseum ausgestellt. Und der hier, der mit kantigem Gesicht auf dem Turm seines Bootes steht, soll er wirklich sein. Jedenfalls gibt es schriftliche Belege dafür, daß dieses Foto als Original einer finnischen Nutte geschenkt worden ist, die wiederholt Marinesko bedient hat. Der Kommandant von *S 13* hatte es ja mit Frauen. Interessant, was von solch einem Typ übrigbleibt...«

Mein Sohn redete noch lange über seine kleine Bildergalerie, zu der eine frühe und eine späte Ablichtung David Frankfurters gehörten; die späte wies ihn alt und rückfällig geworden als Raucher aus. Ein Bild fehlte. Schon wollte ich mir ein bißchen Hoffnung machen, da gab mir Konny, als könne er seines Vaters Gedanken lesen, zu verstehen, daß ihm die Anstaltsleitung leider untersagt habe, »eine wirklich gestochen gute Aufnahme des Blutzeugen in Uniform« als Zellenschmuck zu verwenden.

Am häufigsten hat ihn Mutter besucht, jedenfalls war sie öfter als ich da. Gabi sah sich meistens durch ihren »Gewerkschaftskram« verhindert; sie reibt sich ehrenamtlich in der Sparte »Erziehung und Wissenschaft« auf. Um Rosi nicht zu vergessen: sie kam ziemlich regelmäßig, bald nicht mehr verweint.

Im laufenden Jahr hatte ich mit dem früh und bundesweit ausbrechenden Wahlkampfgeschrei zu tun, das heißt, wie die gesamte Journaille versuchte ich, im Kaffeesatz permanenter Wählerbefragungen zu lesen; inhaltlich gab das Gezeter wenig her. Allenfalls war abzusehen, daß dieser Pfarrer Hintze mit seiner »Rote-Socken-Kampagne« die PDS fett machen, aber den Dicken, der dann auch abgewählt wurde, nicht retten könne. Ich war viel unterwegs, interviewte Bundestagsabgeordnete, mittlere Wirtschaftsgrößen, sogar einige Reps, denn den Rechtsradikalen wurden mehr als fünf Prozent vorausgesagt. In Mecklenburg-Vorpommern waren sie besonders aktiv, wenngleich mit nur mäßigem Erfolg.

Nach Neustrelitz kam ich nicht, doch per Telefon war von Mutter zu hören, daß es ihrem »Konradchen« gutgehe. Sogar »paar Pfund« habe er zugenommen. Außerdem sei er zum Leiter eines Computerkurses für jugendliche Straftäter, wie sie sagt, »befördert« worden. »Na du waißt ja, auf dem Jebiet isser schon immer ain As jewesen...«

Also stellte ich mir meinen Sohn vor, wie er, inzwischen pausbäckig, seinen Mithäftlingen das ABC nach allerneuester Gebrauchsanweisung beibrachte, nahm allerdings an, daß den Insassen der Jugendhaftanstalt der Anschluß ans Internet verwehrt bleiben würde; es wäre ja sonst einigen Straftätern möglich geworden, unter der Anleitung des Webmasters Konrad Pokriefke den virtuellen Fluchtweg zu finden: den kollektiven Ausbruch ins Cyberspace.

Außerdem erfuhr ich, daß ein Tischtennisteam der Neustrelitzer, zu dem mein Sohn zählte, gegen eine Auswahl der Jugendhaftanstalt Plötzensee gespielt und gewonnen hatte. Zusammengefaßt: der laut Gerichtsurteil als Totschläger zu bezeichnende und mittlerweile volljährige Sohn eines vielbeschäftigten Journalisten war rund um die Uhr fleißig. Kurz nach Sommeranfang bestand er sein Fernabitur mit der Bewertung einskommasechs; ich schickte ein Telegramm: »Glückwunsch, Konny!«

Und dann bekam ich von Mutter Nachricht: Sie sei länger als eine Woche im polnischen Gdańsk gewesen. Nun wieder in Schwerin, wo ich sie besuchte, war zu hören: »In Danzig bin ech natierlich och rumjelaufen, aber meistens war ech in

Langfuhr unterwejens. Hat sich alles verändert da. Aber das Haus inne Elsenstraße steht noch. Sogar die Balkons mit Blumenkisten sind alle noch dran...«

Mit einem Reisebus hat sie die Tour gemacht. »War janz billig fier ons!« Eine Gruppe Heimatvertriebener, Frauen und Männer in Mutters Alter und älter, waren dem Angebot einer Reiseagentur gefolgt, die sogenannte »Heimwehfahrten« organisierte. Mutter sagte: »Scheen warres da. Das muß man den Polacken lassen, ham viel aufjebaut wieder, alle Kirchen ond so. Nur das Denkmal von dem Gutenberj, den wir als Kinder Kuddenpäch jenannt ham ond das im Jäschkentaler Wald glaich hinterm Erbsberj jestanden hat, jiebts nich mehr. Doch in Breesen, wo ech bai Scheenwetter jewesen bin, jiebts wieder ne richtche Badeanstalt wie frieher...«

Danach ihr Binnichtzuhauseblick. Aber schon bald lief wieder die Platte mit Sprung: Wie es mal früher, noch früher, ganz früher gewesen sei, auf dem Tischlereihof oder wie man im Wald einen Schneemann gebaut habe oder was während der Sommerferien am Ostseestrand los war, »als ech nur son Strich jewesen bin...« Mit einer Horde Jungs sei sie zu einem Schiffswrack rausgeschwommen, dessen Aufbauten seit Kriegsbeginn aus dem Wasser geragt hätten. »Janz tief rainjetaucht sind wir in den verrosteten Kasten. Ond ainer von die Jungs, der is am tiefsten runter, Jochen hieß der...«

Ich vergaß Mutter zu fragen, ob sie während der Heimwehtour, trotz des Sommerwetters, ihr verdammtes Fuchsfell im Gepäck gehabt habe. Aber ich wollte nur wissen, ob denn Tante Jenny in Danzig-Langfuhr und sonst wo noch dabeigewesen wäre. »Nee«, sagte Mutter, »die wollt nich mit. Wegen die Baine ond och sonst nich. Würd ihr zu weh tun, hat sie jesagt. Aber den Schulwej, den ech mit maine

Freundin jegangen bin, habech paarmal abjelaufen raufrun-
ter. Kam mir viel kirzer vor diesmal...«

Noch mehr Reiseeindrücke muß Mutter gleich nach ihrer
Rückkehr brühwarm meinem Sohn serviert haben, alle Einzelheiten des auch mir geflüsterten Eingeständnisses: »Och
in Gotenhafen bin ech jewesen, allein. Unjefähr da, wo se
ons ainjeschifft ham. Hab mir in Jedanken vorjestellt alles,
och all die Kinderchen mittem Kopp nach unten in dem
aisigen Wasser. Hab wainen jemußt, konnt aber nich...«
Wieder ihr Binnichtzuhauseblick. Dann war nur noch von
»Kaadeäff« die Rede: »Is ja aijenlich ain scheenes Schiff
jewesen...«

So war es nicht erstaunlich, daß ich beim nächsten
Besuch in Neustrelitz – gleich nach der Bundestagswahl –
einem Produkt besessener Bastelei konfrontiert wurde. Der
Baukasten, aus dem sich mein Sohn bedient hatte, war ein
Geschenk, das bestimmt aus Mutters Portemonnaie bezahlt
worden war.

Dergleichen findet man in den Spielzeugabteilungen der
Kaufhäuser dort, wo in Regalen Modellbaukästen für nam-
hafte Exemplare, die fliegen, fahren, schwimmen können,
gut sortiert gestapelt liegen. Glaube nicht, daß sie in Schwerin eingekauft hat. Entweder wird sie in Hamburgs Alster-
haus oder in Berlins KaDeWe gesucht und gefunden haben.
In Berlin war sie häufig. Neuerdings fuhr sie einen Golf und
war überhaupt viel und – was ihre Fahrweise betraf – gewagt
unterwegs; Mutter überholt aus Prinzip.

Wenn sie nach Berlin kam, dann nicht etwa, um mich in
meinem Kreuzberger Junggesellenchaos zu besuchen, sondern um in Schmargendorf mit ihrer Freundin Jenny »von
frieher zu schawittern« und dabei zu Mürbegebäck Rotkäpp-

chensekt zu trinken. Seit der Wende sahen die beiden sich so häufig, als müsse etwas nachgeholt werden, als gelte es, die verlorenen Jahre der Mauerzeit auszugleichen. Sie waren ein besonderes Paar.

Wenn Mutter Tante Jenny besuchte – und ich Zeuge sein durfte –, wirkte sie schüchtern und gab sich als kleines Mädchen, das ihr kürzlich noch einen üblen Streich gespielt hatte. Nun wollte sie den Schaden wiedergutmachen. Tante Jenny hingegen schien alles, was vor vielen Jahren an Schlimmem geschehen war, verziehen zu haben. Ich sah, wie sie Mutter im Vorbeihumpeln gestreichelt hat. Dabei lispelte sie: »Ist ja gut, Tulla, ist ja gut.« Dann schwiegen beide. Und Tante Jenny trank ihre heiße Zitrone. Außer den beim Baden ertrunkenen Konrad und neben dem straffällig gewordenen Konny hat Mutter, wenn überhaupt noch jemanden, ihre Schulfreundin geliebt.

Seitdem ich Anfang der sechziger Jahre ein Zimmerchen in der Schmargendorfer Mansardenwohnung bewohnt hatte, ist dort kein Möbel verrückt worden. Alles, was an Nippes rumsteht und dennoch nicht verstaubt, sieht wie von vorgestern aus. Und wie bei Tante Jenny jede Wand, auch die Schrägwände mit Ballettfotos tapeziert sind – sie, die unter dem Künstlernamen »Angustri« bekannt wurde, als Giselle, in »Schwanensee« und »Coppelia«, gertenschlank solo oder neben ihrem gleichfalls zierlichen Ballettmeister gestellt –, so ist Mutter innen und außen von Erinnerungen beklebt. Und wenn man, wie gesagt wird, Erinnerungen tauschen kann, war und ist in der Karlsbader Straße der Umschlagplatz für solch haltbare Ware zu finden.

Also wird sie gelegentlich einer Berlinreise – vor oder nach dem Besuch bei Tante Jenny – im KaDeWe aus dem Angebot von Baukästen für Bastler ein ganz bestimmtes Modell herausgesucht haben. Nicht das Dornier-Wasserflugzeug »Do X«, kein Königstiger-Panzermodell, weder das Schlachtschiff *Bismarck*, das bereits einundvierzig versenkt wurde, noch der Schwere Kreuzer *Admiral Hipper*, den man nach Kriegsende abgewrackt hat, schienen ihr als Geschenk geeignet zu sein. Nichts Militärisches hat sie ausgewählt; dem Passagierschiff *Wilhelm Gustloff* galt ihre Vorliebe. Wahrscheinlich hat sie sich von niemandem beraten lassen, denn Mutter hat schon immer gewußt, was sie wollte.

Es muß meinem Sohn auf Antrag erlaubt worden sein, den besonderen Gegenstand im Besucherzimmer vorzuzeigen. Jedenfalls nickte der aufsichtführende Beamte wohlwollend, als der Häftling Konrad Pokriefke beladen mit dem Modellschiff kam. Was ich sah, ließ Gedanken von der Spule, die sich zum Knäuel verwirrten. Hört das nicht auf? Fängt diese Geschichte immer aufs neue an? Kann Mutter kein Ende finden? Was hat sie sich dabei gedacht?

Zu Konny, dem inzwischen Volljährigen, sagte ich: »Ganz hübsch. Aber eigentlich solltest du aus dem Alter für solche Spielereien raus sein, oder?« Und er gab mir sogar recht: »Weiß ich. Doch wenn du mir, als ich dreizehn oder vierzehn war, zum Geburtstag die *Gustloff* geschenkt hättest, müßte ich diesen Kinderkram jetzt nicht nachholen. Hat aber Spaß gebracht. Zeit genug hab ich ja, oder?«

Der Vorwurf saß. Und während ich noch daran kaute und mich fragte, ob eine rechtzeitige Beschäftigung mit dem verfluchten Schiff als bloßer Modellbau, zudem unter väterlicher Anleitung, womöglich meinen Sohn vom Schlimmsten abgehalten hätte, sagte er: »Hab mir das von Oma Tulla gewünscht. Wollt mal plastisch vor Augen haben, wie das Schiff ausgesehen hat. Sieht doch ganz nett aus, oder?«

Vom Bug bis zum Heck zeigte sich das Kraft-durch-Freude-Schiff in seiner ganzen Schönheit. Aus vielen Teilen hatte mein Sohn den klassenlosen Urlaubertraum zusammengesetzt. Wie geräumig und von keinen Aufbauten versperrt das Sonnendeck war! Wie elegant mittschiffs der einzige Schornstein, bei leichter Neigung zum Heck hin, stand! Deutlich erkennbar das verglaste Promenadendeck! Unter der Kommandobrücke der Wintergarten, Laube genannt. Ich überlegte, wo im Schiffsinneren das E-Deck mit dem Schwimmbecken sein könnte, und zählte die Rettungsboote: keines fehlte.

Konny hatte das weißglänzende Schiffsmodell in ein eigens von ihm gefertigtes Drahtgerüst gestellt. Bis zum Kiel blieb der Rumpf sichtbar. Ich sprach nun doch, wenngleich ironisch unterlegt, meine Bewunderung für den tüchtigen Bastler aus. Er reagierte auf mein Lob mit kicherndem Lachen, zauberte ein Pastillendöschen aus der Tasche, in dem er, wie sich zeigen sollte, drei rote, etwa pfenniggroße Aufkleber bewahrte. Und mit den roten Punkten markierte er den Rumpf dort, wo die Torpedos ihr Ziel gefunden hatten: einen Punkt auf die Backbordseite des Vorschiffes, den nächsten dorthin, wo auch ich im Schiffsinneren das Schwimmbad vermutet hätte, der dritte Punkt war für den Maschinenraum bestimmt. Konrad tat das feierlich. Er stigmatisierte den Schiffsleib, betrachtete sein Werk, war offenbar zufrieden, sagte: »War Maßarbeit« und wechselte dann abrupt das Thema.

Mein Sohn wollte wissen, was ich, anläßlich der Bundestagswahl, gewählt hatte. Ich sagte: »Die Reps bestimmt nicht« und gab dann zu, daß mich schon seit Jahren kein

Wahllokal hat locken können. »Das ist wieder mal typisch für dich, absolut keine echte Überzeugung zu haben«, sagte er, wollte aber nicht verraten, was er als Jungwähler per Briefwahl angekreuzt hatte. Ich tippte, Mutters Einfluß vermutend, auf PDS. Aber er lächelte nur und begann dann, dem Schiffsmodell kleine, offenbar selbstgefertigte Fahnen, die in einem anderen Döschen darauf gewartet hatten, an den Bug, ans Heck und an die Spitzen beider Masten zu stecken. Sogar das KdF-Emblem und die Fahne der Deutschen Arbeitsfront hatte er als Miniaturen nachgebildet; auch die mit dem Hakenkreuz fehlte nicht. Das beflaggte Schiff. Alles stimmte, nur bei ihm stimmte wieder mal nichts.

Was tun, wenn der Sohn des Vaters verbotene, seit Jahren unter Hausarrest leidende Gedanken liest, auf einen Schlag in Besitz nimmt und sogar in die Tat umsetzt? Immer bin ich bemüht gewesen, zumindest politisch richtig zu liegen, nur nichts Falsches zu sagen, nach außen hin korrekt zu erscheinen. Selbstdisziplin nennt man das. Ob in Springers Zeitungen oder bei der »taz«, stets habe ich nach vorgegebenem Text gesungen. War sogar ziemlich überzeugt von dem, was mir von der Hand ging. Den Haß zu Schaum schlagen, zynisch die Kurve kriegen, zwei Tätigkeiten, die mir wechselweise leichtfielen. Doch bin ich nie Speerspitze gewesen, habe niemals in Leitartikeln den Kurs bestimmt. Das Thema gaben andere vor. So hielt ich Mittelmaß, rutschte nie gänzlich nach links oder rechts ab, eckte nicht an, schwamm mit dem Strom, ließ mich treiben, mußte mich über Wasser halten; naja, das mag wohl mit den Umständen meiner Geburt zu tun gehabt haben; damit ließ sich fast alles erklären.

Dann aber machte mein Sohn ein Faß auf. War eigentlich keine Überraschung. Das mußte so kommen. Denn nach allem, was Konny ins Internet gestellt, im Chatroom gequasselt, auf seiner Homepage proklamiert hatte, waren die Schüsse, gezielt abgegeben am Südufer des Schweriner Sees, von letzter Konsequenz. Nun saß er in Jugendhaft, hatte mit Siegen beim Tischtennisspiel und als Leiter des Computerkurses Ansehen erworben, konnte auf sein bestandenes Abitur pochen, bekam sogar, was mir Mutter geflüstert hat, von der Wirtschaft bereits jetzt schon Angebote für später: die neuen Technologien! Er schien im demnächst neuen Jahrhundert Zukunft zu haben, wirkte heiter, sah wohlgenährt aus, sprach ziemlich vernünftiges Zeug, hörte aber nicht auf, die Fahne als Fähnchen hochzuhalten. Das kann nur schlimm enden, dachte ich ungenau und suchte Rat.

Anfangs, weil ich nicht ein noch aus wußte, sogar bei Tante Jenny. Die alte Dame in ihrer Puppenstube hörte sich alles, was ich mehr oder weniger ehrlich von mir gab, mit leichtem Kopfzittern an. Bei ihr konnte man abladen. Das war sie gewohnt, vermutlich von Jugend an. Nachdem ich das meiste von der Spule hatte, bot sie mir ihr vereistes Lächeln und sagte: »Das ist das Böse, das rauswill. Meine Jugendfreundin Tulla, deine liebe Mutter, kennt dieses Problem. Oje, wie oft habe ich als Kind unter ihren Ausbrüchen leiden müssen. Und auch mein Adoptivvater – ich soll ja, was damals geheimgehalten werden mußte, von echten Zigeunern abstammen –, nunja, dieser ein wenig schrullige Studienrat, dessen Namen, Brunies, ich tragen durfte, hat Tulla von ihrer bösen Seite kennenlernen müssen. War bei ihr reiner Mutwille. Ging aber schlimm aus. Nach der Anzeige wurde Papa Brunies abgeholt... Kam nach Stutthof... Doch ist am Ende fast alles gut geworden. Du solltest mit ihr über deine Sorgen sprechen. Tulla hat an sich selbst erfahren, wie gründlich ein Mensch sich wandeln kann...«

Also bretterte ich von Berlin weg über die A24 und nahm den Abzweig nach Schwerin. Jadoch, ich sprach mit Mutter, soweit man mit ihr über meine stets querläufigen Gedanken sprechen konnte. Wir saßen im zehnten Stock des renovierten Plattenbaus in der Gagarinstraße auf dem Balkon mit Sicht auf den Fernsehturm; unten stand noch immer Lenin in Bronze mit Blick nach Westen. Ihre Wohnung schien unverändert zu sein, doch hatte Mutter neuerdings den Glauben ihrer Kindheit wiederentdeckt. Sie gab sich katholisch und hatte in einer Ecke ihres Wohnzimmers eine Art Hausaltar eingerichtet, auf dem, zwischen Kerzen und Plastikblumen – weiße Lilien –, ein Marienbildchen aufgestellt stand; daneben jedoch war das Foto des im weißen Anzug gemütlich Pfeife rauchenden Genossen Stalin befremdlich. Auf diesen Altar zu starren und nichts zu sagen fiel schwer.

Ich hatte, was Mutter gerne aß, Bienenstich und Mohnkuchen mitgebracht. Kaum saß ich ziemlich ausgeleert da, sagte sie: »Um onser Konradchen mußte dir kaine iebertriebnen Sorjen machen. Der sitzt das jetzt ab, wasser sich ainjebrockt hat. Ond wenner denn wieder in Fraiheit is, wird er bestimmt ain ächter Radikaler sain, wie ech frieher aine jewesen bin, als miä die aignen Jenossen als Stalins letzte Jetreue beschimpft ham. Nee, dem passiert nuscht Schlimmes mehr. Ieber onserem Konradchen hat schon immer ain Schutzengel jeschwebt ... «

Sie machte »ainjetäpperte Feneten«, guckte dann normal und gab ihrer Freundin Jenny, die wieder mal den richtigen Riecher gehabt hatte, recht: »Was in ons drinsteckt im Kopp ond ieberall, das Beese muß raus ... «

Nein, von Mutter war kein Rat zu bekommen. Ihre weißhaarigen Gedanken blieben kurzgeschoren. Doch wo noch konnte ich anklopfen? Etwa bei Gabi?

Abermals fuhr ich auf mittlerweile eingefahrener Strecke von Schwerin nach Mölln und war, wie jedesmal bei meiner Ankunft, erstaunt über die sich bescheiden gebende Schönheit dieses Städtchens, das sich, historisch zurückgezählt, auf Till Eulenspiegel beruft, aber dessen Späße kaum aushalten könnte. Weil meine Ehemalige neuerdings einen Hausfreund hatte, einen, wie sie sagte, »ganz lieben, sanften und verletzlichen Menschen...«, trafen wir uns im benachbarten Ratzeburg und aßen – sie vegetarisch, ich ein Schnitzel – im »Seehof« mit Blick auf Schwäne, Enten und einen unermüdlichen Haubentaucher.

Nachdem sie mich einleitend mit dem Merksatz »Ich möchte dich weiß Gott nicht verletzen« für alles, was unseren Sohn betraf, verantwortlich gemacht hatte, sagte sie: »Du weißt, ich komme gegen den Jungen seit langem nicht an. Er sperrt sich. Ist für Liebe und ähnliche Zuwendungen nicht empfänglich. Inzwischen bin ich zu der Überzeugung gekommen, daß tief in ihm, und zwar bis in die letzten Gedanken hinein, alles gründlich verdorben ist. Doch wenn ich mir deine Frau Mutter zur Anschauung bringe, ahne ich, was sich von ihr über ihren Herrn Sohn bis hin zu Konrad vererbt hat. Da wird sich nichts ändern lassen. Übrigens hat sich bei meinem letzten Besuch dein Sohn von mir losgesagt.«

Dann gab sie zu verstehen, daß sie mit ihrem »warmherzigen, dabei klugen und weltläufigen« Partner ein neues Leben beginnen wolle. Diese »kleine Chance« stehe ihr zu, nach allem, was sie durchgemacht habe. »Und stell dir vor, Paul, endlich habe ich die Kraft, mit dem Rauchen aufzuhören.« Wir verzichteten aufs Dessert. Ich verkniff mir, rücksichtsvoll, eine weitere Zigarette. Meine Ehemalige bestand darauf, für sich zu bezahlen.

Der Versuch, bei Rosi, der anhänglichen Freundin meines Sohnes, Rat zu holen, kommt mir im Nachhinein zwar lächerlich vor, aber auch aufschlußreich, in die Zukunft weisend. Schon am nächsten Tag, der ein Besuchstag war, trafen wir uns in einem Neustrelitzer Café, kurz nachdem sie Konny gesehen hatte. Ihre Augen nicht mehr verpliert. Das sonst haltlos fallende Haar zum Knoten gebunden. Ihre unentwegt opferbereite Körperhaltung gestrafft. Selbst ihre fahrigen, immer wieder vergeblich an sich selbst Halt suchenden Hände lagen nunmehr geballt auf dem Tisch. Sie versicherte mir: »Wie Sie sich als Vater verhalten, ist Ihre Sache. Was mich betrifft: Ich werde immer an das Gute in Konny glauben, da kann kommen, was will. Er ist so stark, so vorbildlich stark. Und ich bin nicht die einzige, die fest, ganz fest an ihn glaubt – und zwar nicht nur in Gedanken.«

Ich sagte, das mit dem guten Kern stimme. Das sei im Prinzip auch mein Glaube. Ich wollte noch mehr sagen, bekam aber wie abschließend zu hören: »Nicht er, die Welt ist böse.« Es wurde Zeit für mich, meinen Besuch in der Jugendhaftanstalt anzumelden.

Zum ersten Mal durfte ich ihn in seiner Zelle besuchen. Es hieß, Konrad Pokriefke habe durch gute Haltung und vorbildlich soziales Verhalten diese einmalige Sondererlaubnis erwirkt. Seine Mithäftlinge waren außerhalb, wie ich hörte, mit Gartenarbeit beschäftigt. Konny erwartete mich in der von ihm bezogenen Ecke.

Ein verrotteter Kasten, diese Anstalt, doch hieß es, ein Neubau moderner Art sei in Planung. Einerseits glaubte ich, mittlerweile gegen Überraschungen gefeit zu sein, andererseits fürchtete ich die plötzlichen Eingebungen meines Sohnes.

Als ich eintrat und zuerst nur fleckige Wände wahrnahm, saß er in seinem Norwegerpullover vor einem an die Wand gestellten Tisch und sagte, ohne aufzublicken: »Na Vati?«

Mit nur andeutender Geste wies mein Sohn, der unverhofft »Vati« zu mir gesagt hatte, zum Bücherbord, unter dem, was mit einem Blick nicht zu erfassen war, alle gerahmten Fotos – das von David als Wolfgang, Frankfurter jung und alt, die beiden dem U-Bootkommandanten Marinesko zugesprochenen – abgeräumt, abgehängt waren. Nichts Neues hing an Stelle der Fotos. Ich überflog prüfend die Buchrücken auf dem Bücherbord: was zu erwarten war, viel Historisches, einiges über neue Technologien, dazwischen zwei Bände Kafka.

Zu den verschwundenen Fotos sagte ich nichts. Und er schien auch keinen Kommentar erwartet zu haben. Was dann geschah, verlief schnell. Konrad stand auf, hob das nach Wilhelm Gustloff heißende und mit drei roten Punkten markierte Schiffsmodell aus dem Drahtgestell, das zentral auf der Tischplatte stand, legte den Schiffsleib vor das Gerüst, so daß es backbord wie mit Schlagseite auflag, und begann dann, nicht etwa hastig oder wütend, eher mit Vorbedacht seinen Bastlerfleiß mit bloßer Faust zu zerschlagen.

Das muß schmerzhaft gewesen sein. Nach vier, fünf Schlägen blutete die Handkante seiner rechten Faust. Am Schornstein, den Rettungsbooten, den beiden Masten wird er sich verletzt haben. Dennoch schlug er weiter. Als der Schiffsrumpf seinen Schlägen nicht endgültig nachgeben wollte, hob er das Wrack beidhändig, schwenkte es seitlich aus, hob es in Augenhöhe und ließ es dann auf den Fußboden der Zelle fallen, der aus geölten Dielen bestand. Woraufhin er zertrampelte, was von der *Wilhelm Gustloff* als Modell geblie-

ben war, zum Schluß die letzten aus den Davits gesprunge-
nen Rettungsboote.

»Zufrieden jetzt, Vati?« Danach kein Wort mehr. Sein
Blick suchte das vergitterte Fenster, blieb daran hängen. Ich
habe weißnichtmehrwas gequasselt. Irgendwas Positives.
»Man soll nie aufgeben« oder »Laß uns noch einmal gemeinsam von vorne anfangen« oder irgendeinen Stuß, amerikanischen Filmen nachgeplappert: »Ich bin stolz auf dich.« Auch
als ich ging, hatte mein Sohn kein Wort übrig.

Wenige Tage später, nein tags darauf hat mir jemand –
er, in dessen Namen ich krebsend vorankam – dringlich
geraten, online zu gehen. Er sagte, vielleicht finde sich per
Mausklick ein passendes Schlußwort. Bis dahin hatte ich ent-
haltsam gelebt: nur was der Beruf forderte, ab und zu ein
Porno, mehr nicht. Seitdem Konny saß, herrschte ja Funk-
stille. Auch gab es keinen David mehr.

Mußte lange surfen. Hatte zwar oft den Namen des
verfluchten Schiffes im Window, aber nichts Neues oder
abschließend Endgültiges. Doch dann kam es dicker als
befürchtet. Unter besonderer Adresse stellte sich in deutscher und englischer Sprache eine Website vor, die als
»www.kameradschaft-konrad-pokriefke.de« für jemanden
warb, dessen Haltung und Gedankengut vorbildlich seien,
den deshalb das verhaßte System eingekerkert habe. »Wir
glauben an Dich, wir warten auf Dich, wir folgen Dir...«
Undsoweiter undsoweiter.

Das hört nicht auf. Nie hört das auf.

Günter Grass

Beim Häuten der Zwiebel

Günter Grass erzählt von sich selbst. Vom Ende seiner Kindheit beim Ausbruch des Zweiten Weltkriegs. Vom Knaben in Uniform, der so gern zur U-Boot-Flotte möchte und sich hungernd in einem Kriegsgefangenenlager wiederfindet. Von dem jungen Mann, der sich den Künsten verschreibt, den Frauen hingibt und in Paris an der »Blechtrommel« arbeitet. Günter Grass erzählt von der spannendsten Zeit eines Menschen: den Jahren, in denen eine Persönlichkeit entsteht, geformt wird, ihre einzigartige Gestalt annimmt.

Zwischen den vielen Schichten der »Zwiebel Erinnerung« sind zahllose Erlebnisse verborgen. Grass legt sie frei, zeichnet zudem liebevolle Porträts von seiner Familie, von Freunden, Lehrern, Weggefährten. *Beim Häuten der Zwiebel* ist ein mit komischen und traurigen, oft ergreifenden Geschichten prall gefülltes Erinnerungsbuch, das immer wieder Brücken in die Gegenwart schlägt.

Beim Häuten der Zwiebel
480 Seiten mit 11 Rötelvignetten
Leineneinband mit Schutzumschlag
€ 24,00

Steidl Verlag, Düstere Str. 4, 37073 Göttingen
www.steidl.de

Günter Grass im <u>dtv</u>

»Seit Thomas Mann hat kein deutscher Schriftsteller eine
so große Wirkung auf die Weltliteratur gehabt.«
Nadine Gordimer

Bitte besuchen Sie uns im Internet: www.dtv.de

Günter Grass im <u>dtv</u>

»Ich bin der Meinung, dass jeder Schriftsteller, der
Günter Grass wirklich gelesen hat, in seiner Schuld steht.
Von mir jedenfalls weiß ich das mit Sicherheit.«
John Irving über ›Beim Häuten der Zwiebel‹

Bitte besuchen Sie uns im Internet: www.dtv.de

Christa Wolf im dtv

»Grelle Töne sind Christa Wolfs Sache nie gewesen;
nicht als Autorin, nicht als Zeitgenossin hat sie je zur
Lautstärke geneigt, und doch hat sie nie Zweifel an
ihrer Haltung gelassen.«
Heinrich Böll

Der geteilte Himmel
Erzählung
ISBN 978-3-423-00915-7

Eine Liebesgeschichte zur Zeit
des Mauerbaus in Berlin. Die
einzige gültige Auseinander-
setzung mit den Jahren der
deutschen Teilung.

Auf dem Weg nach Tabou
Texte 1990–1994
ISBN 978-3-423-12181-1

Reden, Aufsätze, Prosatexte,
Briefe und Tagebuchaufzeich-
nungen. »Ein literarisches
Denkmal deutscher Aufrich-
tigkeit.« (Konrad Franke in
der ›Süddeutschen Zeitung‹)

Medea. Stimmen
Roman
ISBN 978-3-423-12444-7
und dtv großdruck
ISBN 978-3-423-25157-0

Der Mythos der Medea, Tochter des Königs von Kolchis –
neu erzählt. »Der Roman hat
Spannungselemente eines
modernen Polit- und Psycho-
krimis.« (Thomas Anz in der
›Süddeutschen Zeitung‹)

Hierzulande Andernorts
Erzählungen und andere Texte
1994–1998
ISBN 978-3-423-12854-4

»Zwei Skizzen aus Amerika
gehören zum Besten, was je
von Christa Wolf zu lesen
war.« (Der Spiegel)

Marianne Hochgeschurz:
**Christa Wolfs Medea
Voraussetzungen zu
einem Text**
ISBN 978-3-423-12826-1

Materialien zur Entstehungs-
geschichte und Rezeption von
Christa Wolfs Roman ›Medea.
Stimmen‹.

Im Dialog
Aktuelle Texte
ISBN 978-3-423-11932-0

Die Dimension des Autors
Essays und Aufsätze, Reden
und Gespräche 1959-1985
Band 1
ISBN 978-3-423-61891-5

Bitte besuchen Sie uns im Internet: www.dtv.de

Michael Ondaatje im dtv

»Das kann Ondaatje wie nur wenige andere:
den Dingen ihre Melodie entlocken.«
Michael Althen in der ›Süddeutschen Zeitung‹

In der Haut eines Löwen
Roman
Übers. v. Peter Torberg
ISBN 978-3-423-11742-5

Kanada in den zwanziger und
dreißiger Jahren. Ein Land im
Aufbruch. »Ebenso spannend
wie kompliziert, wunderbar
leicht und höchst erotisch.«
(Wolfgang Höbel in der
›Süddeutschen Zeitung‹)

Der englische Patient
Roman
Übers. v. Adelheid Dormagen
ISBN 978-3-423-12131-6 und
ISBN 978-3-423-19112-8

1945. Vier Menschen finden in
einer toskanischen Villa
Zuflucht. Im Zentrum steht
der geheimnisvolle »englische
Patient«, ein Flieger, der in
Nordafrika abgeschossen
wurde ... »Ich kenne kein
Buch von ähnlicher Eleganz.«
(Richard Ford)

Buddy Boldens Blues
Roman
Übers. v. Adelheid Dormagen
ISBN 978-3-423-12333-4

Er war der beste, lauteste und
meistgeliebte Jazzmusiker
seiner Zeit: Buddy Bolden.

Es liegt in der Familie
Übers. v. Peter Torberg
ISBN 978-3-423-12425-6

Die Roaring Twenties auf
Ceylon. Erinnerungen an das
exzentrische Leben, dem sich
die Mitglieder der Großfami-
lie Ondaatje hingaben, eine
trinkfreudige, lebenslustige
Gesellschaft ...

Die gesammelten Werke von Billy the Kid
Übers. v. Werner Herzog
ISBN 978-3-423-12662-5

Die größte Legende des
Wilden Westens – Liebhaber
und Killer, ein halbes Kind
noch und stets dem Tode nah.

Anils Geist
Roman
Übers. v. Melanie Walz
ISBN 978-3-423-12928-2

Im Auftrag einer Menschen-
rechtskommission kehrt die
junge Anil in ihre Heimat
Sri Lanka zurück und begibt
sich in größte Gefahr.

Bitte besuchen Sie uns im Internet: www.dtv.de